श्रीप्रकाश शुक्ल

श्रीप्रकाश शुक्ल का जन्म 18 मई, 1965 को सोनभद्र, उत्तर प्रदेश के बरवाँ गाँव में हुआ। उन्होंने इलाहाबाद विश्वविद्यालय से एम.ए. (हिन्दी) की डिग्री ली। पी-एच.डी. भी वहीं से किया।

उनकी प्रकाशित कृतियाँ हैं—*अपनी तरह के लोग, जहाँ सब शहर नहीं होता, बोली बात, रेत में आकृतियाँ, ओरहन और अन्य कविताएँ, कवि ने कहा, क्षीरसागर में नींद* (कविता-संग्रह); *साठोत्तरी हिन्दी कविता में लोक सौन्दर्य, नामवर की धरती, हजारीप्रसाद द्विवेदी : एक जागतिक आचार्य, महामारी और कविता* (आलोचना)। उनकी कविताओं के अनुवाद अंग्रेजी, पंजाबी और मराठी में हुए हैं। साहित्यिक 'परिचय' पत्रिका का सम्पादन।

उन्हें वर्तमान साहित्य के *मलखानसिंह सिसोदिया पुरस्कार*, उत्तर प्रदेश हिन्दी संस्थान के *नरेश मेहता कविता पुरस्कार*, *विजयदेव नारायण साही कविता पुरस्कार* और *शमशेर सम्मान* से सम्मानित किया जा चुका है।

वर्तमान में बी.एच.यू. के हिन्दी विभाग में प्रोफेसर के पद पर कार्यरत हैं तथा भोजपुरी अध्ययन केन्द्र, बी.एच.यू. के समन्वयक हैं।

ई-मेल : shriprakashshuklabhu@gmail.com

झुकना किसी को रोपना है

चुनी हुई कविताएँ

श्रीप्रकाश शुक्ल

चयन और भूमिका
विंध्याचल यादव

राधाकृष्ण पेपरबैक्स

राधाकृष्ण पेपरबैक्स में
पहला संस्करण : 2025

राधाकृष्ण पेपरबैक्स : उत्कृष्ट साहित्य के जनसुलभ संस्करण

राधाकृष्ण प्रकाशन प्रा. लि.
जी-17, जगतपुरी
दिल्ली-110 051
द्वारा प्रकाशित

शाखाएँ : अशोक राजपथ, साइंस कॉलेज के सामने, पटना-800 006
पहली मंजिल, दरबारी बिल्डिंग, महात्मा गांधी मार्ग, प्रयागराज-211 001
1, अनमोल सोराबजी सन्तुक लेन, धोबी तलाव, मरीन लाइंस, मुम्बई-400 002

वेबसाइट : www.radhakrishnaprakashan.com
ई-मेल : info@radhakrishnaprakashan.com

विकास कम्प्यूटर एंड प्रिंटर्स
ट्रॉनिका सिटी-201 102
द्वारा मुद्रित

मूल्य : ₹299

JHUKNA KISI KO ROPNA HAI
Poetry by Shriprakash Shukla

ISBN : 978-93-49159-81-5

निरन्तरता और नवाचार के विरल कवि

नब्बे के बाद की हिन्दी कविता को कवियों की जिस पीढ़ी ने अपने सरोकारी एवं सतत लेखन से सँवारा-बनाया है उनमें श्रीप्रकाश शुक्ल एक महत्त्वपूर्ण कवि हैं। अभी तक उनके सात काव्य-संग्रह प्रकाशित हैं किन्तु उनकी रचनात्मक सक्रियता और परास्त कर देने वाली विस्फोटक ऊर्जा को देखते हुए यह अनुमान तो किया ही जा सकता है कि अभी कई और महत्त्वपूर्ण कविताएँ तथा संग्रह हिन्दी कविता को मिलने वाले हैं। उनकी कविताई का विस्तार तीन दशकों में फैला हुआ है, लेकिन इसकी खासियत है इसका सातत्य। 1999 ई. में श्रीप्रकाश शुक्ल का पहला संग्रह 'अपनी तरह के लोग' के आने से लेकर 2022 ई. में सातवें संग्रह 'वाया नई सदी' तक की यात्रा में एक निरन्तरता है। श्रीप्रकाश शुक्ल काव्य रचना में निरन्तरता के साथ टिके रहने को भी कवियों के लिए बड़ी कसौटी मानते हैं। बीस साल में एक काव्य-संग्रह देने वाले कवियों को वे 'थउसा' (Tired) हुआ कवि कहा करते हैं। हालाँकि अपनी लम्बी काव्य-यात्रा में केदारनाथ सिंह या नरेश सक्सेना जैसा विराम या अन्तराल लेने को वे खराब नहीं मानते। पर उनके स्वभाव को देखते हुए लगता है कि वे स्वयं ऐसा कोई विराम लेनेवाले नहीं हैं। विराम उनके लिए मानो कुफ्र हो! यह निरन्तरता उनकी उपलब्धि भी है और उनकी संवेदना तथा अभिव्यक्ति की नवता की राह का रोड़ा भी। कई बार बहुत 'कंसिस्टेंसी' की वजह से कवि आत्म-निर्मित और आत्म-आच्छादित काव्य-रूढ़ियों, मुहावरों, संवेदना और भाषा में फँस जाते हैं। अपने ही भूत से अपनी मुक्ति वैसे भी मुश्किल काम है। कई बार तो इस मुक्ति की छटपटाहट में कवि जितना 'बाँह-छाती-मुँह छपाछप करता साफ, फिर भी मैल फिर भी मैल' वाली स्थिति बन जाती है। जैसे अपने उत्तर काल में सुमित्रानंदन पंत के साथ हुआ।

कदाचित इसीलिए श्रीप्रकाश शुक्ल की कविताओं के एक पाठक के रूप में मैं उनके पहले दो संग्रहों (अपनी तरह के लोग तथा जहाँ सब शहर नहीं होता) और अन्तिम दो संग्रहों (क्षीरसागर में नींद तथा वाया नई सदी) को दो जोड़ों में 'पिन-अप' कर देना चाहता हूँ। ऐसा करके देखने पर बोली बात, रेत में आकृतियाँ, ओरहन और अन्य कविताएँ तथा वाया नई सदी का भाषा, शिल्प और संवेदना की दृष्टि से

सर्वथा नया प्रस्थान दिखाई पड़ता है। अपनी निरन्तरता के बावजूद 'बोली बात', 'रेत में आकृतियाँ' तथा 'ओरहन...' में घनघोर वैविध्य है, जो कवि की सामर्थ्य और उसके परतदार अनुभव-जगत का पता देता है। ये कृतियाँ क्रमश: संस्कृति, दर्शन और राजनीतिक चेतना की धुरी पर अपने समय को कातती हैं। इनके पूरे परिस्पंद के बीच एक चीज सर्वनिष्ठ है और वह है लोकभाषा और जनपदीयता। लेकिन 'वाया नई सदी' तक पहुँचकर उनके यहाँ से लोकभाषा का दावन (Base) लगभग निकल गया है,पर जनपदीयता बची रह गई है। जाहिर है उनकी जनपदीयता काशिकेय है। बनारस अंचल श्रीप्रकाश शुक्ल की कविताओं की शिराओं में रक्त बनकर दौड़ रहा है। सोनभद्र, मिर्जापुर, प्रयाग और गाजीपुर का 'लोकेल' उनकी कविता में बुनियाद की तरह बिछा हुआ है। नब्बे के बाद की हिन्दी कविता ने यह बात बेहद पुरजोर तरीके से रखी कि जो ठीक से 'लोकल' नहीं हो सकता वह 'ग्लोबल' भी नहीं हो सकता। ग्लोबलाइजेशन की आँधी का सामना नब्बे के बाद की हिन्दी कविता ने इसी तरह जनपदीय भाषाओं और संस्कृति की गहरी जड़ों को पकड़कर किया।

श्रीप्रकाश शुक्ल की पूरी काव्य-यात्रा को मैं एक पठार के रूपक के तौर पर देखता हूँ; जहाँ कुछ ढलान हैं, कुछ मैदान हैं और पहाड़ की उठान पर शृंग या चोटियाँ नहीं, एक तल-विचल प्लैटू है। एक टेबल लैंड। उस प्लैटू पर उनकी तीन शीर्ष विषमरंगी काव्य-कृतियाँ एक साथ अवस्थित दिखती हैं—बोली बात, रेत में आकृतियाँ तथा ओरहन और अन्य कविताएँ। पठार के रूपक से याद आया कि पठार श्रीप्रकाश शुक्ल की कविताओं और उनके काव्यबोध में महज अफसाना नहीं है, हकीकत भी है। वे मूलत: विंध्याचल की पहाड़ियों में फैले अखंड मिर्जापुर के बरवाँ सोनभद्र के हैं। उनका बचपन और कैशोर्य इन्हीं पठारों में गुजरा। श्रीप्रकाश शुक्ल का गृह-अंचल सोन नद और गंगा नदी के बीच का प्रदेश है जहाँ अवधी की ही एक उपबोली मिर्जापुरी बोली जाती है जिसका विस्तार इलाहाबाद की तराई तक है,जो खुद अवधी भाषी कोर बेल्ट का सीमांत जनपद है और जहाँ से श्रीप्रकाश शुक्ल की शिक्षा और कवि व्यक्तित्व के निर्माण की जड़ें गहराई से जुड़ी हैं। इधर गाजीपुर और बनारस दोनों भोजपुरी भाषा के सीमांत हैं तथा दोनों श्रीप्रकाश शुक्ल के काव्य-खनिज का स्रोत और रचनाभूमि हैं। काशी तो अब जीवन भूमि ही है। इसीलिए बनारस उनकी काव्यचेतना में प्राणतत्त्व की तरह धड़क रहा है। और यहाँ की भाषा भोजपुरी की उपबोली काशिका है। यूँ श्रीप्रकाश शुक्ल मिर्जापुरी और काशिका वर्नाक्यूलर के क्षेत्र के कवि हैं, जिसकी गहरी छाप उनकी काव्यभाषा पर है भी। उनकी कविताओं पर इस क्षेत्र की लोककथाओं, लोक धुनों और गीतों का गहरा असर है। आख्यान परम्परा का तो सबसे गहरा और व्यापक। देव दीपावली, गंगा दशहरा, जीमूतवाहन, छठ की औरतें, महतरिया माई और हड़परौली जैसी

कविताएँ पूर्वांचल की आख्यान परम्परा से ही उपजी हैं। यह केवल श्रीप्रकाश शुक्ल के यहाँ नहीं है बल्कि यह परम्परा नब्बे के बाद के दूसरे कवियों के यहाँ भी प्रचुरता से मौजूद है। श्रीप्रकाश शुक्ल ने तो लिखा ही है कि "कविता में कथा वाली शैली मुझे प्रिय है।" कविता मेरे लिए पड़ोस की कहानी है जिसे मैं गीत की तरह सुनता हूँ या कि बहुत दूर का गीत है जिसे कहानी की तरह कहता हूँ।"

'हड़परौली' और 'वरुणा' जैसी बहुचर्चित कविताओं से लेकर गूलर, नागनथैया, सुबह-ए-बनारस, (वाया नई सदी, 2022) तथा तद्भव-50 (जनवरी, 2025) में प्रकाशित कविताओं 'बलिकथा' और 'कोणार्क' तक बेशुमार कविताओं में यह आख्यानपरकता मौजूद है। श्रीप्रकाश शुक्ल की आख्यान शैली में लोक और शास्त्र दोनों में मौजूद दंतकथाओं, किंवदंतियों और मिथकीयता के आधुनिक सन्दर्भों का काव्यमय संधान अद्भुत और व्यापक है।

पानी और गीला!
पानी तो गीला होता ही है एक लीला रसिक ने
कहा
मैंने कहा आज पानी ठोस है साधो और इसके
गीला होने की परीक्षा है
यह कालिया नामक नाग के दमन का क्षण था

(नागनथैया, ओरहन...)

यहाँ 'गीलेपन' को बड़ी कलात्मक से 'तरलता' से अलग अर्थ में प्रयोग कर लिया गया है। पानी तरल तो होगा ही। तरलता उसका भौतिक गुण है। लेकिन वह गीला भी हो, यानी भिगोए भी, कविता में शर्त यह है। 'गीलापन' पानी का सांस्कृतिक गुण है। मिथकों के नये अर्थ संधान में शब्द प्रयोग की ऐसी बारीकी श्रीप्रकाश शुक्ल के यहाँ खूब है। यहाँ श्रीप्रकाश शुक्ल ने कालिया नाग को मनुष्यों के बीच बढ़ती विषाक्तता के रूपक में बदल दिया है और 'पानी ठोस है साधो' जैसी उलटबाँसी कहकर एक ओर लीला रसिकों के बीच ऐंठन भरे बातचीत के बनारसी अन्दाज को, तो दूसरी तरफ ठोस और ठस होती आस्था व परम्पराओं की जड़ता को रेखांकित कर दिया है। दिलचस्प है कि इसी शीर्षक से एक दूसरी कविता 'वाया नई सदी' में भी है, जहाँ नागनथैया की पवित्र लीला के ठीक बीच अस्सी नाले से बहता हुआ एक मैला-कुचैला कुत्ता आ जाता है। यह काशी की पुरोहित परम्परा की पवित्रता में परम्परा बाह्य धारा की दखलअन्दाजी हुई और इस तरह यह कविता बनारस के लोक और शास्त्र के द्वंद्व की कविता में बदल गई है।

यहाँ यह रेखांकित करने योग्य है कि इन लोककथाओं व मिथकीय पृष्ठभूमि

के साथ श्रीप्रकाश शुक्ल ने बहुत साभिप्राय लोक देवों-देवियों, लोकनायकों और अति साधारण किरदारों (महतरिया माई, चायवाला, रामफेर, पोई भाई, धनावती देवी इत्यादि) के साथ मामूली जगहों (भुतहिया टाँड़, बाबो रेस्टोरेंट), पेशों (बहुरूपिए, मनिहार, अल मिकदार), रिवाजों (धुमकच) व चीजों (सगड़ी, पोतना) को अपनी कविताओं का विषय बनाया। अपने अन्तिम संग्रह 'वाया नई सदी' तक आकर तो वे पेड़, चिरई-चुरुंग, नदी और पर्यावरण तक को इन साधारण चीजों में शामिल करते हैं। साधारणता के हद प्रतीक रेत पर तो उनका पूरा संग्रह ही है। वे मामूली चीजों के कवि हैं। हरा पपीता, हरे बबूल, गुलमोहर, गौरैया, कोयलिया व कचकचिया चिरई सब हर नाउम्मीदी के खिलाफ हथेली पर पसरी उम्मीद बन जाते हैं। श्रीप्रकाश शुक्ल ने फेरी लगाकर चूड़ियाँ बेचने वाले चुड़िहार, मन्दिर के बाहर फूल बेचने वाले माली, गली-गली घूमकर तनी हुई रस्सी पर सन्तुलन साधकर चलने वाली सर्कस की लड़की, गाजापट्टी की बमबारी के बीच अपना सब कुछ खो चुका जोकर, अपना और परिवार का पेट-पर्दा चलाने की गरज से बहुरूपिया बनने वाले लोगों को अपनी कविताओं में रचा। यह उसी पूँजीवादी भूमंडलीकरण की सांस्कृतिक धुंध और कालान्तर में उसी की कोख से पैदा आपदाओं, युद्ध व महामारी का सामना करने की रणनीति है, जिससे नब्बे के बाद की हिन्दी कवियों की पीढ़ी अपने-अपने तरीके से लड़ रही थी।

यह अल मिकदार की कथा है
जिसके पास जब कुछ नहीं बचा
तब उसका जोकर ही सामने आया
जो हँसी के फव्वारे से बारूद की आग को बुझा
रहा था

(अल मिकदार)

देखना दिलचस्प है कि नब्बे के बाद की हिन्दी कविता में इतिवृत्त और प्रकृति दोनों की वापसी हुई, पर यह द्विवेदी युग और छायावाद से बहुत भिन्न किस्म की है। यहाँ इतिवृत्त मनुष्य की स्मृति और कल्पनाशीलता पर पूँजीवाद के हमले के प्रतिउत्तर में आया। इसीलिए मनुष्य की सृजनात्मकता में इसका जबर्दस्त भरोसा है और यह एक तीक्ष्ण इतिहासबोध से लैस है। रेत और नदी श्रीप्रकाश शुक्ल के यहाँ सबसे प्रिय रूपक यूँ ही नहीं हैं। उनकी कविताओं में रेत मनुष्य की इसी सृजनेच्छा का विजय स्तम्भ है। नदी उसका इतिहासबोध।

नब्बे के बाद की हिन्दी कविता में नई बात यह हुई कि इतिवृत्त और प्रकृति दोनों गहरे तौर पर लोक और जनपदीय सन्दर्भों से गुँथ गए। प्रशस्त इतिहासबोध और जनपदीयता के भीतर से कविता में इतिवृत्त और प्रकृति के संश्लेष के कारण

श्रीप्रकाश शुक्ल इस प्रवृत्ति के प्रतिनिधि कवि हैं। छायावाद में प्रकृति का या तो रोमानीकरण हुआ या अध्यात्मीकरण। वहाँ प्रकृति मनुष्य के लिए आदर्श थी। प्राप्य थी। जैसे मध्यकाल में ब्रह्म था। प्रकृति को ब्रह्मतत्त्व से समीकृत किया गया; मनुष्य से प्रकृति का समीकरण नहीं बनाया गया जैसा '...संवेदना के विकास' में रामस्वरूप चतुर्वेदी मानते हैं। दरअसल, मनुष्य से प्रकृति का सच्चा समीकरण प्रगतिशील कवियों केदार-नागार्जुन आदि के यहाँ दिखाई पड़ता है जिसका पुनराविष्कार नब्बे के बाद की हिन्दी कविता में मिलता है। यूँ नब्बे के बाद का यह नव प्रकृतिवाद छायावाद की तुलना में प्रगतिशील कविता के अधिक निकट है। यह यूँ ही नहीं है कि श्रीप्रकाश शुक्ल पर निराला-नागार्जुन और त्रिलोचन की प्रगतिशील परम्परा का प्रभाव परिलक्षित होता है। नब्बे के बाद के हिन्दी कवियों की इस पीढ़ी के सम्मुख प्रभाव और परम्परा का जो सबसे निकटस्थ और बड़ा स्रोत था वह थे केदारनाथ सिंह। केदारनाथ सिंह ने इस धारा और इस पीढ़ी को बहुत प्रभावित किया और जाहिर है कि श्रीप्रकाश शुक्ल इससे बहुत गहरे प्रभावित हुए हैं; खासकर जनपदीयता और बनारस-बोध के सन्दर्भ में।

बनारस-बोध के मामले में अस्सी के दशक के एक दूसरे बड़े कवि ज्ञानेंद्रपति ने भी श्रीप्रकाश शुक्ल को खासा प्रभावित किया है। बनारस भारतीय संस्कृति का अपने आप में एक प्रतिनिधि नमूना है। और यहाँ की काव्य-परम्परा तो कबीर, रैदास, तुलसी से होती हुई भारतेन्दु, प्रसाद, धूमिल, नजीर, केदारनाथ सिंह और ज्ञानेंद्रपति तक भारतीयता का अपना एक रंग-एक मॉडल हमेशा से पेश करती रही है। श्रीप्रकाश शुक्ल सजग रूप से इस परम्परा के वाहक कवि हैं। बनारस उनकी कविताई में मात्र सन्दर्भ नहीं है, वरन् वह नायक है; हालाँकि उसके सांस्कृतिक अन्तर्द्वंद्व और समकालीन अन्तर्विरोधों को लेकर उनकी भाषा काफी 'क्रिटिकल' है। बनारस के हिन्दू रीति-रिवाजों, मेलों और त्योहारों आदि पर लिखते हुए वे कहीं भजन-पूजन वाद और महिमामंडन में नहीं फँसते। उनकी दृष्टि हमेशा इसके लोक पक्ष पर टिकी होती है। यूँ श्रीप्रकाश शुक्ल लोक और शास्त्र के संघर्ष और सहयोग के विरल कवि हैं। भाषा के मामले में तो उन्होंने इन सभी कवियों से अधिक बनारस की जनपदीय भाषाओं का बर्ताव अपनी कविता में किया है। सम्भवत: यही कारण है कि श्रीप्रकाश जी की काव्यभाषा के बारे में केदारनाथ सिंह ने लिखा है कि "...यहाँ अनेक नये देशज शब्द ऐसे मिलेंगे जिन्हें पहली बार कविता की दुनिया की नागरिकता दी गई है।"

नब्बे के बाद की जिस काव्य-परम्परा का प्रतिनिधित्व श्रीप्रकाश शुक्ल करते हैं वह लगातार समकालीन हिन्दी कविता की नागर परम्परा व महानगरीयबोध के समानान्तर गँवई गन्ध और जनपदीयता की राह चलती रही है। श्रीकांत वर्मा और केदारनाथ सिंह क्रमश: इन दोनों परम्पराओं के अग्रणी कवि रहे हैं। श्रीप्रकाश शुक्ल

केदारनाथ सिंह की परम्परा में पड़ते हैं। उनकी तमाम कविताएँ गँवई और कस्बाई संस्कृति के ताने-बाने को रौंदते विकास के नगरीय घोड़े का प्रतिकार करती हैं। छोटे शहरों और कस्बों में लोगों के मानवीय रिश्तों, मेल-मिलाप के अड्डों, सांस्कृतिक संस्थाओं, समाज के जिन्दादिल किरदारों, बाग-बगीचों, मेलों और छोटे-छोटे पेशों को विकास के पूँजीवादी मॉडल ने जिस तरह तहस-नहस किया, उसकी पीड़ा श्रीप्रकाश शुक्ल के 'बोली बात' (2007) से 'वाया नई सदी' (2024) तक की कविताओं में बराबर व्यक्त हुई है। चायवाला, भुतहिया टाँड़, बाबो रेस्टोरेंट और पक्का महाल शृंखला की कविताएँ इस संवेदना की महत्त्वपूर्ण कविताएँ हैं। श्रीप्रकाश शुक्ल बहुत गहरे तौर पर छोटे शहरों और कस्बों के सांस्कृतिक विरूपण को दर्ज करने वाले कवि हैं। सच पूछिए तो उनके शुरुआती दो कविता-संग्रहों के बाद गाँव उनकी कविताओं में उस तरह नहीं आता। वस्तुत: वे कस्बाई संस्कृति व जीवन के कवि हैं। टोन्स तथा मोबाइल और लड्डू जैसी कविताएँ गाजीपुर और बनारस जैसे कस्बाई शहरों के विनष्ट होते परम्परागत रूप तथा नई सभ्यता की टक्कर से सामाजिक बदलाव के उस फेज को बड़ी खूबसूरती से दर्ज करती हैं।

नब्बे के बाद तेजी से निम्न-मध्यवर्ग के शिक्षित युवा नौकरी-पेशे के क्रम में गाँवों से शहरों की ओर आए और बसे। उनकी चेतना का कस्बाईकरण हुआ। इस तरह के संक्रमण काल में चेतना में आधे-पूरे बदलाव ही होने थे। पुराने संस्कारों और नये शहरी मूल्यों को एक साथ साधने की जद्दोजहद करता एक नया कस्बाई मध्यवर्ग सामने आया। जो अपने मूल से छिटके होने की कचोट के साथ जीता है।

सभ्यता के विकास में कितना ही आधुनिक हो
लें हम
संस्कार की जड़ों के भीतर से कुछ संकीर्णताएँ
अँकुआती ही हैं
कितना ही करूँ विश्वास तुम्हारी समझ पर
तुम्हारे प्रति प्रेम में कितना ही लड़ूँ पुरानी सीखों
से
कुछ राख तो लिपटी चली आती है
तुम्हारे मांगलिक मन को मलिन करती हुई

(बलिकथा)

इस तरह यह पीढ़ी शहरी सुविधा भरे जीवन की सुरक्षा के बीच एक नैतिक घुटन लिये जीती रही है। यही कारण है कि माँ और पिता पर इस पीढ़ी ने बहुत कविताएँ लिखीं। घर पर कविताएँ लिखीं। श्रीप्रकाश शुक्ल ने भी खूब लिखीं। माँ, पिता, पहरे पर पिता, पेड़ और पिता जैसी कविताएँ तो उनके यहाँ हैं ही; ढेर सारी

कविताएँ ऐसी हैं जो सीधे माँ और पिता पर नहीं हैं लेकिन उनकी स्मृतियों के बगैर ये कविताएँ सम्भव नहीं थीं जैसे कील, कुर्सी, अचार जैसी कविताएँ। घर पर केन्द्रित कई बेहतरीन कविताएँ श्रीप्रकाश जी ने लिखीं; लेकिन यहाँ प्रसंगानुरूप 'बोली बात' की कविता 'नये घर में' का उल्लेख किया जाना चाहिए। यह उनके गाजीपुर के दिनों की कविता है जब वे किराए के मकानों को अपनी प्रेमिल दुनिया से घर बनाते और मकान मालिक की नोटिस पर उसे छोड़कर नये घर में जाना पड़ता! कस्बाई जिन्दगी का यह उजड़ना-उखड़ना श्रीप्रकाश शुक्ल की पीढ़ी के कवियों के यहाँ घर को लेकर एक दुर्निवार लगाव पैदा करता है। इन्हीं बड़े यत्न से रचाए शहरी घरों से पुरानी पीढ़ी की विसंगति भी है। सब सुविधाओं से भरे शहरी परिवेश में उसे नींद नहीं आती। घर के भीतर मौजूद शान्ति उसे कचोटती है। उसे गाँव की चहल-पहल और वहाँ का शोर-शराबा बुलाता है और आखिर वह बनारस शहर से भाग खड़ा होता है। गाँव की यह पीढ़ी शहर और कस्बों में बसे नौकरी-पेशा अपने बच्चों के साथ रह नहीं पाती और बच्चों के पास वापस गाँव जाने का न वक्त है न परिस्थिति। 'रामफेर' इस नैतिक विप्लव की प्रतिनिधि कविता है।

लेकिन इन सब स्थितियों के बीच
यह एक अजीब मुश्किल थी

कि रामफेर के चारों तरफ एक शान्ति के बावजूद
रामफेर को नींद नहीं आ रही थी।

बच्चे उनसे बार-बार पूछ रहे थे
कहीं कोई मच्छर तो नहीं है
कहीं कोई भूख तो नहीं लगी है
कहीं किसी सुर्ती की तलब तो नहीं है
और हर बार रामफेर का जवाब नकारात्मक ही रहता

एक दिन जब बच्चों ने थोड़ा जोर देकर कहा
या कि कहना चाहा
कि कहीं कोई शोर भी तो नहीं है
तब रामफेर से रहा नहीं गया
अरे बेटा वही तो नहीं हो रहा है

यह कहते हुए रामफेर झटके से उठे
और गाँव की तरफ चल दिए

जिस शोर-शराबे, चहल-पहलं और आत्मीय बातचीत की तलाश में रामफेर बनारस से गाँव भागते हैं,जाहिर है पूँजीवाद और बाजार की आपा-धापी की चपेट में आते शहरी जीवन में उसकी गुंजाइश लगभग नहीं है। सभी अपने-अपने काम में व्यस्त। बल्कि अस्त-व्यस्त कहना ज्यादा ठीक रहेगा। इस कस्बाई आपाधापी और खास तरह के 'एलिएनेशन' के बीच कम से कम एक खाली आदमी की तलाश नब्बे के बाद का कवि दीवार पर चिपकाए इश्तिहारों और पोस्टर्स में कर रहा है; जो अपने आप में हमारे समय पर एक त्रासद व्यंग्य है। मनुष्यता का एक विद्रूप। इस पूरी सांस्कृतिक विसंगति को श्रीप्रकाश शुक्ल 'पोस्टर' कविता में उठाते हैं।

मैं हर पोस्टर को गौर से पढ़ता हूँ
एक-एक हर्फ को बाँचता हूँ जैसे पहली बार
कि कहीं दिख जाए उस आदमी का भी पोस्टर
जो खाली है
जिससे मिल सकूँ
और बतिया सकूँ
अपना दर्द
जी भर।

यह लक्षित करने योग्य है कि श्रीप्रकाश शुक्ल अपनी समूची काव्य-यात्रा में चुप्पों और चुप्पी के खिलाफ रहे हैं। शोर, हलचल, बोलना या दूसरी तरह की ध्वनियाँ जैसे खटर-पटर, चीं-चूँ आदि उन्हें बहुत प्रिय हैं। शोर और ध्वनियों में उन्होंने जीवन देखा है। जीवन्तता देखी है। संवाद की गुंजाइश देखी है। निजता और स्वातंत्र्य देखा है। भविष्य की उम्मीद देखी है। 'रेत में आकृतियाँ' की 'बसन्त' अकेली कविता है जिसमें श्रीप्रकाश शुक्ल 'शहर-शहराँव के काँव-काँव' को नापसन्द करते हैं। नहीं तो उन्हें कचकचिया (Babbler) पसन्द है, जबकि वह अपनी कचकचाहट के शोर से प्रायः अप्रिय होती है। उन्हें कोयलिया पसन्द है जो कोविड में क्वैरेंटाइन के अवसाद और चुप्पी में कूकती है। 'हड़परौली' कविता में उन्होंने 'मूकता' के खिलाफ 'कूकता' शब्द का प्रयोग इसी चेतना से किया है। खासकर 'वाया नई सदी' में उन्होंने चुप्पी के खिलाफ ध्वनि-प्रियता की कई कविताएँ लिखी हैं। लेकिन, भविष्य, हत्या, चुप्पी के खिलाफ और मत की बात ऐसी ही कविताएँ हैं। उन्हें चुप्पी के काँइएँपन के बरक्स हर ठनकती हुई आवाज बहुत आश्वस्त करती है।

चुप्पा आदमी बहुत क्रूर होता है
चुप्पा जब बोलने लगे तो यकीन कीजिए कि सब

महफूज है
जैसे कि लोकतंत्र के आँगन में बसन्त की बयार
लेकिन बोलता आदमी जब चुप हो जाए
तो समझिए कि इस व्यवस्था में
एक तानाशाह का आगमन हो चुका है

'मूकता' के बरक्स 'कूकता' की चेतना पर सीधे लिखी गई कविताओं के अलावा श्रीप्रकाश शुक्ल के यहाँ ऐसी कविताओं की लम्बी फेहरिस्त है जो लिखी तो गई हैं दूसरे विषयों पर लेकिन उनमें चुप्पी के विरुद्ध शोर को बड़ी शिद्‌दत से रेखांकित किया गया है। शोर की यह पक्षधरता मनुष्यता की हलचल और उसके प्रतिरोधी तेवर के साथ-साथ लोकतांत्रिक चेतना और आज के खास सेंसर्ड समय में अभिव्यक्ति की आजादी का बिगुल है। 'फुटकर', 'रामफेर', 'हड़परौली', 'पचास की उम्र में', 'कचकचिया', 'घर' और 'एक कवि की तलाश में' आदि शोर की पक्षधरता की बेहतरीन कविताएँ हैं। श्रीप्रकाश शुक्ल ने एक जगह स्वयं लिखा है कि—

"कविता चुप्पी के विरुद्ध मेरी शब्द प्रवण वाचालता है और मेरी वाचालता के विरुद्ध एक अर्थप्रवण चुप्पी।" 'क्षीरसागर में नींद' में 'सम्बन्ध' शीर्षक अकेली कविता है जिसमें उन्होंने चुप्पी के महत्त्व और मजबूरी को रचा है। 'घर' तथा 'एक कवि की तलाश में' कविता में शोर और ध्वनियों को बेहद नये स्तर पर रचा गया है।

यह जो ध्वनियाँ हैं
बच्चे के चिल्लाने से ज्यादे खराद पर चढ़ी हुई
लकड़ियों की ध्वनियाँ हैं
ढलाई के वक्त चलती मशीन से ज्यादा तगाड़ी के
साथ दौड़ते मजदूरों की ध्वनियाँ हैं
सामानों के टकराने से ज्यादा सीमेंट की फैक्ट्री से
उठकर आने वाली ध्वनियाँ हैं

× × ×

मैं इन्हीं ध्वनियों को सुनता हूँ
और इन्हीं के सहारे
घर के भीतर पाता हूँ खुद को

घर ध्वनियों से मुक्ति के लिए नहीं होता
वह होता है
ध्वनियों को सुनने के लिए

जितनी ही बड़ी ध्वनियाँ
उतना ही सुन्दर घर

मेरे घर का पता इन्हीं ध्वनियों में है।

बात घर की चली है तो श्रीप्रकाश शुक्ल की स्त्री और प्रेम विषयक दृष्टि का जायजा भी लेते चलना ठीक रहेगा। स्त्री और प्रेम दोनों को लेकर श्रीप्रकाश शुक्ल बहुत सँभले-सँभले नजर आते हैं। यह कस्बाई मध्यवर्ग की संस्कारबद्ध नैतिकता के कारण है। यही कारण है कि उनकी प्रेम और स्त्री विषयक कविताओं में स्त्री का वही परम्परागत गार्हस्थिक रूप उभरता है। दरअसल श्रीप्रकाश शुक्ल गँवई और कस्बाई स्त्री-जीवन के सुख-संघर्ष के कवि हैं। उनका जैसा जीवन यथार्थ है वैसा श्रीप्रकाश शुक्ल की कविताओं में व्यक्त हुआ है। घर-गृहस्थी में खपती और खत्म होती स्त्री। एक कस्बाई स्त्री-जीवन की अपनी राजी-खुशी है, अपनी चुनौतियाँ हैं और अपने संघर्ष हैं। समझौते और संघर्ष के बीच वह झूलती है। हालाँकि कई जगहों पर उनकी स्त्री अदहन बन सनसनाती है और 'स्ट्रांग स्टैंड' भी लेती है, जैसे हड़परौली, मनुष्य स्त्री, आँच, स्त्री और आन्दोलन कविता की स्त्रियाँ। लेकिन श्रीप्रकाश शुक्ल स्त्री विमर्श के लाठी पटक आन्दोलन से दूर ही रहे हैं। थोड़ी छूट उन्होंने 'रेत में आकृतियाँ' की प्रेम कविताओं में ली है। थोड़ी 'क्षीरसागर में नींद' की 'सूर्योदय' और 'क्या नाम दूँ' जैसी प्रेम कविताओं में भी। अन्यथा 'एक स्त्री घर से निकलते हुए भी नहीं निकलती' उनकी स्त्री-विषयक दृष्टि की प्रतिनिधि कविता है। इसका एक कारण हमारा यह दौर भी है जहाँ विचारधारा और प्रतिबद्धताएँ तेज टूटन का शिकार हुई हैं जिस कारण श्रीप्रकाश शुक्ल मानते हैं कि किसी बात को बहुत दबाव देकर रेडिकल तरीके से कहने का स्पेस खत्म होता गया है। इसीलिए सामने वाले पक्ष के लिए भी थोड़ी गुंजाइश छोड़नी चाहिए। यही कारण है कि श्रीप्रकाश शुक्ल की राजनीतिक कविताएँ भी उतनी रेडिकल नहीं हैं। उनका स्वर प्राय: व्यंग्य-बुझी विनम्रता से युक्त है। उनकी बहुचर्चित लम्बी कविता 'देश के प्रधानमंत्री के नाम देश के एक नागरिक का खत' इसी स्वर की राजनीतिक कविता है।

श्रीप्रकाश शुक्ल के यहाँ धर्म, साम्प्रदायिकता, दक्षिणपंथ की राजनीति और मॉब लिंचिंग जैसे संवेदनशील राजनीतिक मसलों पर भी बड़ी संयत भाषा की कविताएँ हैं। हमारे समय का एक शोकगीत, गाय, बदलाव और एक-दो दूसरी कविताओं में कहीं-कहीं वे थोड़ा तीखे हो गए हैं अन्यथा अपनी साफ दृष्टि और स्पष्ट पक्षधरता के बावजूद उनके यहाँ 'प्रभु से प्रार्थना' और 'ईश्वर एकवचन है' जैसे मद्धिम स्वर की कविताएँ अधिक हैं। हिन्दी कविता की बड़ी पुरानी प्रवृत्ति व्यवस्था विरोध पर अलबत्ता उन्होंने अनोखी कविताएँ लिखी हैं। इस तरह की कविताओं में 'भैंस' 'मुखिया' 'तोप', पक्का महाल श्रृंखला की कविताएँ और 'वाया नई सदी'

की कोरोजीवी कविताएँ उल्लेखनीय हैं। 'भैंस' कविता बनारस के ट्रैफिक जाम के सन्दर्भ से उठान लेते हुए सत्ता की परवाह न करनेवाली जनता के प्रतिरोध में बदल गई है। असहयोग, बहिष्कार और उपेक्षा आन्दोलन के पुराने रूप हैं। इस कविता में आए शब्द जैसे पगुराना, गड़ककर बैठना, थसड़कर बैठना, चहड़कर बैठना, खुर से खाचना, भन्नाना आदि प्रयोग विशेष रूप से ध्यान खींचते हैं। भैंस के आगे पूरी व्यवस्था बीन बजा रही है और कविता शुरू होती है—'भैंस पगुरा रही है' जैसी पंक्ति से। विरोध की एक बेपरवाह मुद्रा। ठेंगे पर सिस्टम। विरोध का ठेठ बनारसी लहजा। ऐसी ही बड़ी अनोखी कविता 'मुखिया' है। अनोखी इसलिए कि फिर श्रीप्रकाश शुक्ल ने ऐसी कविता नहीं लिखी।

ऐसा कदाचित इसीलिए भी हुआ हो कि बनारस आने के बाद उनका गाँव आना-जाना व रुकना-रहना लगभग खत्म हो गया है। यह एकदम अलग समस्या और अलग शिल्प में लिखी कविता है। जिसमें गाँव-कस्बों के नुक्कड़-चट्टी पर बैठे-ठाले नौजवान देश की तरक्की की व्यर्थ की समीक्षा में मगन हैं और अपने संसाधनों व सुविधा में लगातार इजाफा करता हुआ मुखिया गर्दन हिला-हिला कर गुटर-गूँ कर रहा है। आजाद भारत में पंचायती राज व्यवस्था की इतनी महीन छुरी से आलोचना हिन्दी कविता की दुर्लभ उपलब्धि है। 'तोप' व्यवस्था विरोध की बड़ी संवेदनशील कविता है, जो दक्षिणपंथी शक्तियों द्वारा नन्ही पीढ़ी में रोपे जाते सांस्कृतिक राष्ट्रवाद की विषवेलि और उनकी शिक्षा नीति की समीक्षा करती है।

शिक्षा के इस मन्दिर के प्रवेश द्वार पर
जहाँ से वे बाहर निकलते हैं
रख दी गई है एक तोप

सुबह शाम दिन रात दोपहर
अथवा किसी प्रहर में जब भी वे गुजरते हैं
इस तोप को देखते हैं

यह सब राष्ट्रीयता के लिए बहुत जरूरी है आज!
कि संवेदना की सुबह तेजी से बदल रही है
जिसे सहमति की शाम में ढलना है
और रात के सपाट सन्नाटे में बदल जाना है

कहते हैं वर्तमान की राष्ट्रीयता के लिए
कलम नहीं तोप की जरूरत है

आखिर में बात इनकी कविताओं के शिल्प और भाषा की। यह बात इसलिए भी जरूरी है क्योंकि श्रीप्रकाश शुक्ल बनारस अंचल के ऐसे कवियों में से हैं जिन्होंने हिन्दी भाषा को लोक बोलियों के तमाम ऐसे शब्दों से पुनः समृद्ध किया है जो लगभग हमारी भाषा से बाहर हो गए थे। अपनी कविता के माध्यम से श्रीप्रकाश शुक्ल जनपदीय संस्कृति और उसकी शब्द-सम्पदा को हिन्दी समाज को पुनर्हस्तान्तरित करते हैं। श्रीप्रकाश शुक्ल ने प्रचलित क्रियाओं, विशेषणों और संज्ञा शब्दों में तो प्रयोग किए ही, लोक से नये शब्द लेकर गढ़े भी। जैसे 'देवता' कविता में लोकभाषा के काँइयाँ शब्द से 'कुच काँइयाँ' शब्द बनाया है। 'बसन्त' कविता में शहर में आँव प्रत्यय लगाकर 'शहराँव' बनाया या इसी तरह 'रतनार' के वजन पर 'पतनार' (पानी जैसा पतला) का निर्माण कर लिया है। शब्दों से श्रीप्रकाश शुक्ल कैसे खेलते हैं; यह देखने के लिए 'अपनी तरह के लोग', 'रेत नाव' तथा 'होना भी कहाँ था वह' जैसी कविताएँ देखी जानी चाहिए। 'रेत में आकृतियाँ' की कविताएँ तो अपने शिल्प, भाषा, धुन और चित्रकारी में अप्रतिम हैं ही।

मेरा ऐसा मानना है कि श्रीप्रकाश शुक्ल वैविध्य से भरी हुई अपनी पूरी काव्य यात्रा में अगर अपनी पीढ़ी के बीच अलग से किसी चीज के लिए जाने जाएँगे तो वह रेत और नदी केन्द्रित अपनी कविताओं और समकालीन हिन्दी कविता को दी गई गँवई-गन्ध से सराबोर अपनी खास काव्यभाषा के लिए जाने जाएँगे। उन्होंने कोरोना महामारी के दौर में लिखी गई पैंडमिक पोयट्री के लिए एक खास शब्द चलाया 'कोरोजीवी कविता'। जिसकी व्यवस्थित सैद्धान्तिकी भी उन्होंने अपनी पुस्तक 'महामारी और कविता' में दी है। हालाँकि यह शब्दावली अभी हिन्दी जगत में प्रचलित नहीं हो सकी है। श्रीप्रकाश शुक्ल के यहाँ एक तरफ बाटी, चैली और फकत बाढ़ जैसी ठेठ भोजपुरी से सनी काव्यभाषा है तो दूसरी तरफ 'सुबह-ए-बनारस' की संस्कृतनिष्ठ भाषा। उनके यहाँ जाम, मुखिया और आतंक जैसी विशुद्ध गद्यात्मक भाषा व पद-विन्यास की कविताएँ हैं तो वहीं 'कोयलिया जल्दी कूको ना' जैसी मधुर लोकगीत मौजूद है। खुली रेत या अंकुरण तथा बाटी जैसी लोकधुन पर आधृत कविताओं के साथ 'रेत निराली' और 'फकत बाढ़' जैसे बालगीत शैली में लिखी कविताएँ उनकी भाषा और शिल्प की विविधिताओं का पता देती हैं।

'चैली' और 'बाटी' भाषा और शिल्प में अनूठी कविताएँ हैं। आकार में संक्षिप्त और असर में गहरी। लोक धुनों में बजती। 'चैली' उन मामूली लोगों की कविता है जो देश और समाज में अपने योगदान के लिए याद नहीं रखे जाते। वे दुनिया को बनाते-बनाते खुद मिट जाते हैं लेकिन उन्हें इतिहास और संस्कृति के खाते में शामिल करने लायक कभी नहीं समझा जाता—

मैली
कुचैली
फैली है
चैली

चूल्हे की ताक में
लकड़ी
चिकनी
चिपकी है घर से
धरन के खयाल में
पेड़ जितनी बार कटते हैं

चैली उतनी बार होती है उदास।
उसे पता है कि लकड़ी जितनी बार
चिकनाई जाएगी
खराद पर वह ही चढ़ेगी

'बाटी' कविता काव्यभाषा और संवेदना दोनों स्तरों पर बेहद सुगठित है। बाजारवादी शक्तियों ने खेती-किसानी की परम्परागत जोत और उपज को कॉरपोरेट के हवाले करने की गम्भीर साजिश शुरू की है; जिसके परिणामस्वरूप बाटी जैसे आम आदमी के व्यंजन की मार्केटिंग की गई है जिसमें मेहनत गरीबों की और मलाई कॉरपोरेट की :

गोल-गोल बँधी लोई
मुट्ठी भर सिंकी पोई
बादल भर कटी बोई
कौन बतावै ले गया कोई।

दावत में खोई-खोई
स्वाद में अब धोई-धोई
धंधेबाज चूल्हों में
धुकुर-धुकुर इहै होई।

यहाँ 'मुट्ठी भर' और 'बादल भर' की ओर आपका ध्यान खींचना चाहता हूँ। भारतीय किसानी के दो सबसे मूल तत्त्व हैं—मेहनत और मानसून की अनिश्चितता।

इतने कम और कसे हुए शब्दों में भारतीय खेती और उस पर आश्रित वर्ग का पूरा चेहरा टाँक देना काव्य कला का खूबसूरत नमूना है। 'भर' जैसे नन्हे विशेषण से श्रीप्रकाश शुक्ल ने अपनी कविताओं में बहुत काम लिया है। मैं इसे उनका निजी विशेषण कहना चाहता हूँ। कविता की आखिरी पंक्तियों में भोजपुरी के सर्वनाम और क्रियाओं का व्यंजक संयोजन है :

कौन जाने
का होई
हम पोउब
कि उ पोई।

'हम' और 'उ' सर्वनाम के साथ 'पोउब' क्रिया का यह प्रयोग देखकर धूमिल की चर्चित कविता 'रोटी और संसद' की पंक्तियाँ "एक आदमी रोटी बेलता है/एक आदमी रोटी खाता है/एक तीसरा आदमी भी है/जो न रोटी बेलता है न रोटी खाता है/वह रोटी से खेलता है" याद आती हैं। रोटी की जगह 'बाटी' का प्रयोग भी गहरा अर्थ रखता है। बेलने की तुलना में 'पोउब' का प्रयोग तो कमाल है। रोटी बेलने और रोटी खाने वाला वर्ग तो किसान-मजदूर या आम अवाम है। पर रोटी से खेलने वाला पूँजीपति, महाजन, कॉरपोरेट, बाजार, नेता और अफसर वर्ग है। श्रीप्रकाश शुक्ल की कविता में 'हम' और 'उ' यही दोनों वर्ग हैं। 'पोउब' का प्रयोग बड़ा क्रिएटिव है। इसमें उत्पादन शक्तियों को नियंत्रित करने की रस्साकशी है। आम जनता और बाजारवादी शक्तियों के बीच कौन अन्ततः देश और समाज की दिशा तय करेगा? कवि के इस सवाल में जाहिर है यह उम्मीद छुपी हुई है कि आखिरकार आम आदमी की बाटी आम आदमी पोएगा। हालाँकि आज लोकतंत्र की चुनी हुई सरकारों पर कारपोरेट घरानों के दबदबे को देखते हुए यह उम्मीद स्वप्न ही लगती है—

दिन बहुत उदास है
रात भारी
भोर है कि थकी-थकी
सुबह पड़ी है अलसाई
रास्ता लम्बा है
भीड़ से अटा पड़ा
सब हैं बहुत हैं काफी हैं
फिर भी कोई नहीं जिससे बन सके बात
कुछ पेड़ हैं इधर-उधर

जो चुप हैं और देख रहे हैं
हर क्षण बदलते हुए दृश्य को
समय करवट बदल रहा है
और शाम आकर टिक गई है पत्तों पर
एक चिड़िया ले आई है कुछ तिनके
जिससे वह घर बनाएगी
आकाश से झड़ रही हैं अँधेरे की पाँखें
और सुबह का भरोसा अब
इसी चिड़िया से है!

इसी भरोसे की अभिव्यक्ति करती उनकी कविता है 'झुकना'। यह कविता उनके संग्रह 'वाया नई सदी' में संकलित है। यह विनम्रता और आत्मविश्वास के विरल संयोग की विलक्षण कविता है और कवि के काव्य व्यक्तित्व का मूलाधार भी। इसमें विरासत व वर्तमान, नये व पुराने, आगत व अनागत की एक सघन बुनावट है जिसमें पाने का नहीं देने का आनन्द है। एक अनहद आनन्द! श्रीप्रकाश शुक्ल खुद भी मानते हैं कि 'व्यक्ति की पहचान पाने से अधिक देने में होती है। व्यक्ति की अन्तिम यात्रा में सुसज्जित कुर्सियाँ नहीं सुवासित कर्म साथ चलते हैं।' इस चयन की मूल ध्वनि भी यही है—

झुकना
किसी को रोपना है

जो भी आज तना है
किसी के झुकने से बना है

जैसे कि यह पेड़
जिसकी हर शाखा में
किसी न किसी के
झुकने की भाषा दर्ज है।

श्रीप्रकाश शुक्ल की कविताओं का यह चयन उनकी षष्टि-पूर्ति के अवसर पर किया जा रहा है। अट्ठारह मई को वे साठ के हो जाएँगे। सात काव्य-संग्रहों का अनथक कवि लगातार लिख रहा है। यद्यपि यह चयन यथासम्भव अद्यतन है। यहाँ तक कि होली 2025 के आसपास प्रकाशित तद्भव-50 में प्रकाशित श्रीप्रकाश शुक्ल की कविता 'अल मिकदार' तक का चयन यहाँ कर लिया गया है किन्तु यह

कोई अन्त नहीं है। श्रीप्रकाश शुक्ल अभी साठ पर जो ठाट रखते हैं वह कई लोग तीस पर भी नहीं रख पाते। जाहिर है उनका लिखा-पढ़ा अभी बहुत कुछ आना है। इसलिए यह अधूरा है। अधूरे चाँद में भी बाँकपन ज्यादा होता है। इस चयन के बारे में मैं बस इतना ही कहना चाहता हूँ कि इसमें जो है वही सब कुछ नहीं है। इसमें जो नहीं है वह बहुत कुछ है। जो है वह 'कवि की नाची हुई आहटें हैं' जो नहीं है वह भी निर्गुण नहीं है। साकार है। चयन की हर हद मेरी अपनी है, बाकी कविता का अनहद नाद सुनने के लिए आपको सौंपता हूँ!

विंध्याचल यादव
हिन्दी विभाग, बीएचयू, वाराणसी

21 मार्च, 2025
विश्व कविता दिवस

क्रम

रेत में आकृतियाँ, 2012

ओरहन और अन्य कविताएँ, 2014

क्षीरसागर में नींद, 2019

वाया नई सदी, 2022

कुछ अन्य कविताएँ

लड़का और पत्थर

उस लड़के ने पत्थर क्यों मारा जबकि यह पूरे यकीन से कह सकता हूँ कि
वह ट्रेन के किसी आदमी को नहीं जानता था

वह एक चरवाहा था जो पटरी के किनारे खड़ा था उसकी भैंसें बगल के खेत
में चर रही थीं और वह चुपचाप ट्रेन को आता देख रहा था

उसके देखने में जो दीख रहा था वह वही था जो मुझे दीख रहा था ठीक-ठीक
कह नहीं सकता पर अचानक ही उसने एक पत्थर फेंक दिया

यह मुझे ही लगा मैं नहीं मानता क्योंकि चलाया उसने किसी और पर था
और जिस पत्थर को उसने उठाया था वह निश्चित ही इस सबसे भारी था
जो उसकी प्रसन्नता भरी तालियों में स्पष्ट हो रहा था

पता नहीं क्यूँ आज मैं बहुत प्रसन्न था और खेत में पसरे गाय, बैल, भैंसों
के साथ बोझा ढोती औरतों को भी देख लेता था जिसमें कुछ तो बालें बीन
रही थीं और बगल से गुजरती हर ट्रेन को
थोड़ा तिरछी नजर से देख मुस्करा देती थीं

मैं सोचते हुए सोच रहा था कि क्या ऐसा रोज ही सोचा जा सकता है कि बुरे
दिनों की सबसे ताजा स्मृति की तरह माँ का चेहरा खिल उठा था

मैं आज भी सोचता हूँ कि उस लड़के ने पत्थर क्यों मारा जबकि वह ट्रेन के
किसी आदमी को नहीं जानता था और वह मुझे ही क्यों लगा जवकि मैं ही
उसके बारे में अधिक सोच रहा था।

[रचना तिथि : 16.09.1993]

माँ

दो पन्नों के बीच-बीच सटी
या कि सटे पन्नों के बीच अटी
अकसर मेरी दुनिया में माँ प्रकट होती है
और इनको चीन्हने की इच्छा से
बचपन की किसी सुनहरी गुफा में घुसता हूँ और एक पूरा का पूरा जंगल
पकड़ लाता हूँ
जो भाषा के उपटन में पड़कर
कविता की परात में झर रहा होता है

माघ के मौसम में
पश्चिमी झकोरों के बीच
जब दाँतों से कड़िया के कूटने की आवाज आती है
वह पुवाल की तरह उठती है
और बोरसी की तरह छोप लेती है

अपनी दुनिया की हर मिट्टी में
वह बालों की तरह पकी
तथा खलिहान की तरह खाली होती है
और किसी हमीरा जादूगरनी के आतंक से जूझती सिरहाने की कजरवट में
थोड़ा थोड़ा रोज घिसती है

माँ जब घिस जाती है
मन्दिर की घंटियों से घाटियों की आवाज आती है
और विंध्य के पठारों से उठता धुआँ
गंगा की सतह पर
थार की तरह फैल जाता है

ठीक ऐसे समय में
हिमालय पर गिरती है बर्फ
माँ गल रही होती है
मेरे घर की एक मोमबत्ती जल रही होती है
और मैं बड़ा हो रहा होता हूँ।

[रचना तिथि : 12.12.1994]

कुर्सी

यह कुर्सी बहुत समय से
मेरे यहाँ पड़ी है
जिस पर ओठँगा हुआ मैं
दुनिया की छतों से बात कर रहा हूँ

यह उस कनात से बुनी हुई है
जब लालटेन की मद्धिम रोशनी में
आँखें गड़ाकर
शब्दों को खोदता रहता था
और एक बोर्ड की तरह
अपने नाम को लिखता-मिटा देता था

यह दुनिया से जितनी दूर रहती है
उतनी समझ रखती है
इसके भूगोल की

पिता की आँखें इसी कुर्सी से झाँकती हैं
माँ के टूटे दाँत इसी कुर्सी से जमते हैं
भाई का सीना इसी कुर्सी से साँस लेता है
और दरवाजे पर खड़ी गइया
सूखे नाँद में खरी की आशा से
इसी कुर्सी को निहारती रहती है

मित्रों की लम्बी फेहरिस्त के बीच
पूरा का पूरा मौजा
एटलस को इसी कुर्सी से समझता है और अपनी सारी समस्याओं से जूझता

किटकिटाते धार्मिक की तरह भरोसे से जीता व प्रसन्न रहता है

इसी कुर्सी पर बैठे मैंने सैकड़ों बार नेपोलियन को पढ़ा है अनगिनत ही बार
गांधी को दुहराया है
और बुद्ध को भूलने से बचाने के लिए
जाने कितनी बार रगड़ा है

जो भी किया है
बस इसी कुर्सी से किया है
और देखिए न,
यह कितनी पुरानी पड़ गई है
कि बचपन से जवानी तक की चमक
इसके कनात के बदलते रंग में कैद है

इस कुर्सी में जब कभी घुन लगता है
कुठिला के कराहने की आवाज आती है
और नींद का सपना
चूनी की तरह भुरभुरा हो जाता है

मैंने जब-जब इससे निजात पाने की कोशिश की है
यह मेरे दाँत में
साग के टुकड़े जैसी अटक गई है।

[रचना तिथि : 19.12.1994]

टोन्स

शहर में अब चिट्ठियाँ नहीं आतीं
यद्यपि की डाक व्यवस्था सुरक्षित है
और पूरी तरह मुस्तैद भी

चिट्ठियाँ आतीं नहीं
तो जातीं भी नहीं
और सड़क के किनारे खड़ा डिब्बा
किसी बाँझ की तरह
अर्ध-उन्मीलित नेत्रों से
अपनी कोख को निहारता रहता है

लगता है शहर
भारी सूखे के चपेट में है
और वे शब्द रहे ही नहीं
जो अपनी जड़ों में बजते
भाषा की इच्छा से
धरती को फोड़ते रहते हैं
या कि पूरा का पूरा शहर
किसी पुलिंदा की शक्ल में
मोहनजोदाड़ो में कैद हो गया है
जिसकी संचार व्यवस्था को टीक करने के लिए
किसी 'कुदाल' की जरूरत है

शहर में अब चिट्ठियाँ नहीं आतीं
तब क्या कहा जाए
कैसे कहा जाए

कि शहर के लोग
गोल होते जा रहे हैं
और चौराहों की संख्या में उभर रहे हैं

यदि आपको इस बात पर विश्वास न हो
तो जरा किसी चौराहे पर झाँक कर देखें
होंठ और आँख की दो शिराओं पर टिका यह
अपने एकान्त में
सुबह से शाम तक
हृदय के दो फेफड़ों के बीच
बजता रहता है
जिसके बीच की दूरी का ठीक-ठीक अनुमान कठिन है

दूरी पैसों में बदलती जाती है
शहर में अब चिट्ठियाँ नहीं आतीं
टोन्स आते हैं।

[रचना तिथि : 30.04.1994]

अपनी तरह के लोग

सब तरफ से ओले पड़ रहे हैं
सब तरफ से बौछारें आ रही हैं
सब तरफ से पानी घुस रहा है
मैं किस तरफ हो जाऊँ
कि सब तरफ दीवारें रिस रही हैं

सब तरफ से सब कुछ हो रहा है
सब कुछ सब तरह से हो रहा है
सब तरफ सब तरह के लोग हैं
सब-सबकी तरफ हैं
मैं किस तरह हो आऊँ
कि सबकी तरह
सब हैं

जो सबकी तरह नहीं है
वे सबकी तरफ नहीं हो सकते
जो अपनी तरफ हैं
अपनी तरफ के हैं
हालाँकि इस तरह के लोग
सब तरह के लोगों से घिरे हैं
और सब तरह के लोग सब तरफ से खतरनाक हैं

सब तरह के लोग सब तरफ से सक्रिय हैं
अपनी तरह के लोग अपनी तरफ से निष्क्रिय हैं

मैं क्या करूँ
कि अपनी तरह के लोग
अपनी तरफ से सक्रिय हो जाएँ
और सब तरह से सुखी रहें।

[रचना तिथि : 02.03.1996]

फल-फूल

उनके पास ढेर सारे फूल हैं
बहुत से बगीचे हैं
और अधिक से अधिक माली हैं

वे इनको लेकर मन्दिरों में आते हैं
और माथा टेकते चले जाते हैं
और फिर प्रसाद स्वरूप बगीचों को बेच देते हैं

बगीचे माली के साथ बाजार तक चले जाते हैं
जहाँ अगले मौसम तक बाजार में घूमते रहते हैं

जिनके पास न तो फूल हैं
न ही बगीचे
वे न तो मन्दिरों में जाते हैं
और न ही माथा टेकते हैं

ऐसे आदमी मन्दिर के बाहर
दिन-भर फूल बेचते रहते हैं
और शाम होते कुछ सूखे फूलों के साथ
घर लौट आते हैं
जहाँ उनकी नींद में
कल की जगह
फल की तरह
फूलती रहती हैं।

[रचना तिथि : 23.03.1994]

अचार

माँ ने भेजे हैं अचार
तरह तरह के अचार
किसिम किसिम के अचार
आम के अचार।

अचार में बहती हैं हवाएँ
हवाओं में उड़ती है धूल
धूल में लहराता है आँचल
आँचल में मेरा सिर

माँ को जाने कैसे पता था
सिर के बारे में
इसमें छिपे
जमीन की तरह उठे
विचार के बारे में
कि हर वक्त इसे अगोरती रहती थी।

जितनी बार इन विचारों में काई लगी है
माँ फिसली है
और जितनी बार माँ फिसली है
उतनी बार
अचार से भुकड़ी की गन्ध आई है।

[रचना तिथि : 11.04.1994]

सभ्यताएँ

दूब जो कि नदियों का संकोच है
नदियाँ जो कि दूब का विस्तार हैं
अपने बीच के एक पानी में सदियों से घटती-बढ़ती आई हैं

हमारा इतिहास इस बात का साक्षी है
कि नदियाँ जितनी बार उफान पर होती हैं
उपटन की तरह उतनी बार
इसकी दूब की जड़ों में
कुछ मिट्टी शेष रह जाती है
जहाँ बड़ी आसानी से
किसी सारस्वत नगर के चमकते रेतीले उजास को
देखा जा सकता है।

यदि आपने कभी नदियों की बाढ़ में
किसी पेड़ की टहनी को डूबते उतराते देखा होगा
तो जरूर महसूस किया होगा
कि कैसे नदियाँ
अपने पेट में पड़ी बस्तियों को बाहर फेंक देती हैं

दरअसल हमारी सारी सभ्यताएँ
नदियों के द्वारा फेंकी गई बस्तियाँ ही हैं
और जितनी बार इन बस्तियों में अदहन सनसनाया है
उतनी बार नदियाँ
अपने पुत्रों के लिए

भाप की तरह उड़ी हैं
और बहुत चुपके से
पुरखों की गोद में बैठ गई हैं।

[रचना तिथि : 11.04.1996]

अनुभव

साइकिल चलाना और पर्स की हिफाजत करना
बड़ा कठिन होता है
तंगहाली में

कितना ही ध्यान हटाओ
कितना ही याद रखो हिदायत
कि चलती साइकिल पर
इधर उधर ताकना मना है,
ससुरा हाथ चला ही जाता है
पाकिट पर

अब यह कैसे समझाया जाए
बड़के भइया को
कि जब होता है पर्स पाकिट में
तब वह जान से भारी होता है
और हवा से गर्म!

[रचना तिथि : 10.10.1996]

इलाहाबाद

एक बहुत पुराने वटवृक्ष के पत्तों से सरकता हुआ
लगातार खुत्थ बनते जाने से बेखबर
अपना यह शहर
सभ्यता की नींव में बजते खँडहरों की तरह
हरवक्त चिलकता रहता है
और जब अमृत की एक बूँद गिरती है
यहाँ की कई सड़कें गर्भवती हो जाती हैं

इस प्रकार अपने भीतर अनेक भ्रूणों को समेटे
यह पुरातन शहर अब
अपने हर वर्तमान से अतीत को कूटता हुआ
इतिहास के सीने पर किसी पीठ की तरह दर्ज है

इस शहर में कई पीठ हैं
जो इनमें रह जाता है
रसूलाबाद जाता है
जो चला जाता है
संगम आता है

और रसूलाबाद तथा संगम को मिलाने वाली
यहाँ कई धाराएँ हैं
जो मालाओं की तरह बदलती रहती हैं

इस शहर में कई मालाएँ हैं
और जितनी मालाएँ हैं उतने माली
जितने माली उतने धागे

जितने धागे उतने दरजी
जितने दरजी उतने कुरते

आप किसी भी समय किसी को टटोल लें
एक ओर से कागज के पुलिंदे निकलेंगे
दूसरी ओर से मसाले
और इन दोनों के बीच लटकती कलम बता सकती है
कि शहर अधुनातन है
और साहित्यिक भी

इस शहर में कभी कभी साहित्यिक मेला लगता है
जहाँ तरह तरह की दुकानें आती हैं
और हर दुकान के पास अपने माडल्स होते हैं
और हर माडल्स कुछ न कुछ नया छोड़ जाता है
और जब छोड़ जाता है
कॉफी हाउस के कप खनखनाने लगते हैं

इसमें कुछ तो प्लेट के साथ
कुछ बगैर प्लेट के ही बजते हैं

क्या आपने कभी सोचा है
इनसे बचना अमरूद होना है
और प्रभावित होना
मूर्तियों में उभर आना है

मूर्तियों की संख्या में लगातार वृद्धि हो रही है
यह हड़प्पा के मेल टार्सो से भी खतरनाक है।

शहर नाना प्रकार के हड़प्पाओं से भरा पड़ा है
इसमें कुछ पुराने हैं कुछ नये
कुछ नर हैं कुछ पशु
कुछ धातु के हैं कुछ मिट्टी के
कुछ हैं कुछ आने वाले हैं
और सब के सब

अपने उत्खनन की इच्छा से
फावड़ों पर सान चढ़ाते रहते हैं

इस शहर में अब फावड़े ही फावड़े हैं
'कुदाल' दिल्ली चली गई है।

यहाँ सब कुछ चरम होता है
वातावरण गरम होता है
दूरी का भरम होता है
प्यार का तो पूछना ही क्या
तपे तवे जैसे छन्न छन्न होता है

यहाँ का हर आदमी सिद्ध है
और जितने सिद्ध हैं उतने सिद्धान्त
जितने सिद्धान्त उतने संस्थान
जितने संस्थान उतने विद्वान
जितने विद्वान उतने जूते
जो अनादि काल से चले आ रहे हैं

इच्छाएँ यहाँ पितरों के भूत की तरह पीछा करती हैं
आप किसी भी गली से निकलें
इनके कहकहे सस्वर सुनाई पड़ेंगे

शहर इनसे मुक्त नहीं हो सकता
पितर चील की तरह मँडरा रहे हैं।

[रचना तिथि : 01.01.1996]

साइकिल

चाहकर भी जब
बार बार लगातार
पाता नहीं शब्द
तब साइकिल को ठीक करता हूँ
पुचकारता हूँ
दुलराता हूँ
और बाबा की पीठ की तरह लद लेता हूँ

मेरे लदते ही
बाबा की तरह यह दौड़ने लगती है
और हर चौराहे पर
औचक ही रुक जाता हूँ
जैसे सभी से मेरा कोई ऐतिहासिक नाता हो

यहाँ के कुछ चेहरों पर यूँ मरता हूँ
जैसे बाबा के लेमनचूस के लिए मरता था

इस साइकिल पर सवार मैं
फुटपाथ का पीछा यूँ करता हूँ
जैसे बाबा की पीठ पर बैठे
बुढ़िया के बार की करता था

इस तरह इसकी दो पहियों पर फिसलता
बहुत ऊबड़-खाबड़ रूखड़-बाँगड़ खेतों से होता हुआ
जब थके-माँदे घर आता हूँ
तब शब्द इस तरह बुलाते हैं

जैसे कभी दादी बुलाया करती थी
बाबा से छूटने के बाद

शब्द और दादी के बीच कितना गहरा नाता है
यह मैंने तब जाना है
जब साइकिल को सुस्ताते पाया है
और साइकिल तथा बाबा के बीच कितना पुराना रिश्ता है
यह तब समझता हूँ
जब अकेला और असहाय होता हूँ।

[रचना तिथि : 21.09.1994]

कवि

मैं बार बार सोचता हूँ
कि जब सारी दुनिया
अपने पूरे जोश और उमंग और उल्लास और उम्मीद में
सड़क के बीचोबीच चल रही होती है

ऐसा क्या है उस आदमी में
कि वह सड़क के किनारे ही खड़ा रहता है
उस पोटली को दबाए
जो सिर्फ उसकी है
और जिसके सहारे वह किसी भी समय
किसी भी समय को
छोड़ या पकड़ सकता है

इस आदमी को अकसर ही मैंने हवाओं से बात करते पाया है कभी पुलकित
तो कभी उदास मन से
बादलों की छाया को निहारते देखा है
और असंख्य आदमियों के बीच
कभी कपड़े नोचते बन्दर की तरह
तो कभी झापस में नाचते मोर की तरह
पाया है

वह कुछ नहीं बोलता
कुछ नहीं सुनता
कुछ भी नहीं करता
सिर्फ नाचता है

यदि आपको विश्वास न हो
तो जरा इतिहास के पन्नों को छूकर तो देखें
आप समझ सकेंगे कि हमारी सदियाँ
उसी आदमी की नाची हुई आहटें हैं।

[रचना तिथि : 10.06.1996]

चायवाला

मैं हर शाम अपने कुछ मित्रों के साथ
जो मेरे शहर से साहित्य की तरह
धीरे-धीरे चले जा रहे थे
चाय पीने चला जाया करता था
और दुकान पर बैठकर
दुकान के होने के कारणों की पड़ताल किया करता था

चायवाला मेला पुराना परिचित बन गया था
और वह ऐसे परिचितों का बुरा नहीं मानता था

वह एक भला आदमी था
और भलेपन के सारे उत्तर आधुनिक रहस्यों से अपरिचित कोटेदारों की दुनिया से दूर
पूर्णमासी की चाँद की तरह
अपनी नींद में फूलता रहता था

धीरे-धीरे मैं उसके इतना निकट आ गया
कि किसी जगमगाती सुबह की आशा से
हर साँझ वह मेरी प्रतीक्षा किया करता
और हमारे बीच चाय या चाय जैसा
कुछ भी नहीं होता
होता सिर्फ भाप का स्पर्श
आँखों से छलकता हुआ।

एक दिन ऐसा हुआ कि एक शाम
जो खोई चवन्नी-सी अचानक मिल गई थी

दुकान पर नहीं जा सका
और सुबह उठकर देखा तो
कमरे में एक चिट पड़ी थी
बाबू जी बधाई

तब से लेकर अब तक
हर चौराहे हर भीड़ भरी जगह में
उसे ढूँढ़ता रहा हूँ

इस अहसास के साथ कि वह जाने कहाँ होगा
नगरपालिका के बुलडोजर ने उसे छोड़ा होगा भी
या नहीं।

प्रिय पाठक!
यदि आप उससे कभी मिलें
तो यह अवश्य कहें
कि मेरी पुतली में अभी भी रिसती है वह जगह
आँसुओं सी भारी और प्याले सी तप्त!

[रचना तिथि : 21.09.1995]

फुटकर

मेज पर धरे फुटकरों के साथ
शुरू होता है हर दिन
और फुटकर की तरह
घटता जाता है जीवन

घर पर बच्चे ढूँढ़ते हैं गुल्लक
औरत के पास बचा नहीं सिरहाना
ताख रहे नहीं सुरक्षित
कि बचा रहता
कुछ न कुछ
फुटकर जैसा

अजीब हालात है कि इन दिनों
फुटपाथ फुटकर की तरह घट रहा है
आदमी फुटकर की तरह कट रहा है

शहर में फुटकरों का बड़ा शोर है
शोर करते लोग फुटकर की तरह कम हो रहे हैं
और किसी के पास फुरसत ही नहीं है कि सोचे
कि जो फुटकर में है
थोक में क्यूँ है

[रचना तिथि : 10.12.1993]

खालीपन

धीरे-धीरे गाँज कम होते जा रहे हैं
धीरे-धीरे दाने उठने लगे हैं
और मेरे आस-पास का खालीपन
अषाढ़ में उठते बादलों की तरह उमड़ रहा है

यह एक विचित्र स्थिति है
कि मेरे भीतर लगातार एक खालीपन बज रहा है
और जितना ही यह बज रहा है
उतना ही मैं
गोबर की खाद की तरह बजबजा रहा हूँ

जीवन में खालीपन की कितनी जरूरत होती है
दँवरी देता एक मजूर ही जानता है

क्या आप ने कभी
अगहन में कटे धानों की खूँट को
ध्यान से देखा है
और महसूस किया है
कि दो खूँटों के बीच का खालीपन
दोपहर की पसरी धूप में
कैसे साँस लेता है?

[रचना तिथि : 24.02.1999]

सहस्त्राब्दी

सहस्त्राब्दी की तैयारी है
विचार-विमर्श जारी है

बहुत ही कठिन वक्त गुजरा है
सभी कहते हैं
ऐसा वक्त कभी नहीं आया
जैसे कि ऐसी बरसात कभी नहीं रही
या कि ऐसा जाड़ा और गर्मी
या कि ऐसी संध्या
जिसने सारे सपनों को झकझोर दिया हो

मौसम इतना खराब कभी नहीं रहा
कि आप बाहर निकलें
और फिसल जाएँ

कठिन वक्त कभी नहीं रहा ऐसा
कि वक्त समझ में न आया हो
कि कब घर से चले थे
और कब लौटे

मित्रो यह सब तो होता ही रहता है
दिसम्बर के बाद जनवरी का आना होता ही है
विचार पुनः कर लेंगे
कि कैसे शिशिर के बाद बसन्त आता है
या कि आदि के बाद अन्त

फिलहाल तो आज बहुत जल्दी है
मुझे एक जलसे में जाना है
और एक जनाजे में।

[रचना तिथि : 12.12.1994]

छोटे शहर में

उनका खत आता है
परेशानी की कोई वजह नहीं है
बड़े काम होने को
छोटे शहर में ही होते हैं

बड़ी-बड़ी इमारतें
छोटे-छोटे लोगों द्वारा ही बनाई जाती हैं
छोटी-छोटी इमारतों के बनने की
कोई वजह नहीं होती

छोटे शहर में सब शहर नहीं होता
जहाँ सब शहर नहीं होता
बड़े शहर जैसा सब नहीं होता।

जहाँ सब नहीं होता
वहाँ कुछ होना
न होना
कुछ नहीं होता

परेशानी की कोई वजह नहीं है
जैसे पानी बिजली दवा के न होने की
कोई वजह नहीं होती
छोटे शहर में।

[रचना तिथि : 09.09.1999]

सन्तुलन

वहाँ एक सन्तुलन था
सन्तुलन में भीड़ थी
भीड़ में बच्चा था
बच्चे में आँतें थीं
जहाँ एक सन्तुलन था

वहाँ एक बाँस था
एक रिम थी
एक डोरी थी
और इन सबसे अलग बजती
एक ढोलक थी
जहाँ एक सन्तुलन था

वहाँ सब कुछ था
और सब कुछ के बावजूद
बहुत कुछ नहीं था

वहाँ जो कुछ भी था
हवा का हवा में सन्तुलन था।

[रचना तिथि : 10.01.2000]

हड़परौली

वहाँ जामुन का एक पेड़ था
बहुत बूढ़ा पेड़
पूर्णिमा की चाँदनी में सबसे हरा और भरा

जब जब पड़ता था सूखा
झुराने लगती थी बिरई
कुहुकने लगती थी चिरई
इतिहास साक्षी है
उस गाँव की सभी औरतें यहाँ इकट्ठा हो लेतीं और बहुत चुपके से हल चलातीं

निर्वासित इन्द्रों को खुश करने का यही एक तरीका था जिस पर किसी ने
कोई सवाल नहीं किया
राजा नहुष ने भी नहीं

आर्यों की सबसे उन्नत अवस्था में भी
नहीं मिलता कोई लिखित प्रमाण
कभी किसी औरत के हल चलाने का

भारतीय संस्कृति की यह एक बड़ी घटना थी
जिसे बाजार की किसी बही में
कभी दर्ज ही नहीं किया गया
इतिहास ने तो समझा ही नहीं!

यूँ हमारी संस्कृति में पहली बार जुतीं औरतें
पहली बार पकड़ीं मुठिया
पहली बार उठाया हल और फावड़ा

और तो और पहली बार बहुत चुपके से निकलीं
मध्य रात्रि में!

यह किसी सूखे का सार्वजनिक समारोह था
जहाँ हल ने बहुत चुपके से प्रवेश किया उनके सपनों में जिसमें आर्द्रा की
चमक थी तो मघा के झँकोरे
सावन के हिंडोले थे तो भादों के किलोलें
कान की जरई थी तो हाथ की राखी

कुल मिलाकर वह सब था
जो जरूरी था अपने अपने इन्द्र को

कई वर्ष बाद इस वर्ष जब फिर पड़ा सूखा
उठने लगा चारों ओर हाहाकार
'इन्द्र इन्द्र पानी दे प्यासे मर गए पानी दे'
तो इन्द्र को खुश करने के सारे विकल्प तलाशे गए

सबसे पहले फेंका गया शिवलिंग को
पानी में शिव ने डूबने से मना कर दिया

फिर गुहार लगाई गई तुलसी के
राम की राम कब के अयोध्या छोड़ चुके थे

फिर दिया गया चींटियों को पिसान
एक भी चींटी ने नहीं उठाया कोई कण छिड़ा था गोधरा में गो कि जो रण?

किया गया और भी बहुत कुछ
बच्चों को भेजा गया दरवाजे दरवाजे
चउरी माता को लगाया गया उबटन
और बड़ी धूमधाम से निकाली गई मेढकों की बरात

किया सभी ने बहुत बहुत टर्र
इन्द्र का फिर भी
किया नहीं गला खर्र!

ठीक ऐसी जगह पर
बहुत याद आईं औरतें
मूकता और कूकता की ये औरतें
सूखे में भी रक्त भर की गर्मी बचाने वाली औरतें

और उस सभ्य समाज में पुनः यह बात उठी
कि औरतों को हल उठा ही लेना चाहिए
उन्हें हड़परौली कर ही लेना चाहिए

लेकिन मुश्किल यही थी इस बार कि औरतों ने हल उठाने से मना कर दिया।

[रचना तिथि : 28.08.2001]

कील

यह वर्षों पुरानी बात है
जब मैं बच्चा था
माँ से प्यार करते करते
उनकी नाक नोचने की कोशिश की थी
और नाक तो नहीं
उसकी एक कील ही हाथ लगी थी

इस कील को लेकर मैं दौड़ पड़ा था
और माँ हहराती नदी की तरह
दुनिया की सबसे सुन्दर चीज को बचाने के लिए दौड़ी थी
जो दुनिया की सबसे सुन्दर जगह पर ठुकी थी

यह मेरी पहली विजय थी
लेकिन मेरे लिए यह समझना
बिहारी की कविता को समझने से कम आह्लादक नहीं था
कि क्या है ऐसा इस ससुरी कील में
जिसे माँ इतना चाहती हैं!

पिता इसी कील पर रीझते थे
तमाम लोक कथाएँ इसी के इर्द-गिर्द बुनी गई थीं
भीष्म ने शिखंडी में यही कील देखी थी
और तो और
इसी कील के होने मात्र से
अर्जुन ने वृहन्नला का रूप धारण किया था

यह वह कील है
जिसका होना
एक स्त्री का होना है

दुनिया के सारे सम्बन्ध
इसी कील के नाना रूप हैं

इसके बगैर एक स्त्री का होना
भिनसारे में निपटने जैसा है।

[रचना तिथि : 13.08.2004]

बोली बात

[इस कविता को 11 सितम्बर, 01 तथा 12 अक्टूबर, 01की वैश्विक घटनाओं की पृष्ठभूमि में पढ़ा जाए। इसमें आतंकवाद की छायाएँ व्याप्त हैं।]

कलकत्ता से मित्र का फोन आया
हालचाल सब ठीक ही है
यहाँ पर अजीब चिपचिपाहट है
सब ओर चिंचिआहट है
घर से दूर हम यहाँ बहुत बेचैन हैं
दुर्गापूजा पर कम ही थी भीड़भाड़
सरकार को उठाने थे कुछ जरूरी कदम
11 सितम्बर का फिलहाल छाया है गम।

आपका तो पूछना ही क्या
बहुत मजे में होंगे
गाँव का खुला आँगन होगा
कविता-वविता की सामग्री भी बहुत होगी
चारों ओर का मौसम खुशगवार होगा

अब धान गदराने को होगा
ईखों में मिठास उतर आया होगा
भैंसें लेवाड़ ले रही होंगी
आलू के खेत कोड़े जा रहे होंगे
कहीं बोझे निबारे जा रहे होंगे
तो कहीं अबेर तक दँवरी हो रही होगी

वहाँ पर शरद ऋतु का कहना ही क्या मित्र
कमल खिल रहे होंगे

अमरूद ढेसरा रहे होंगे
विजयादशमी का पर्व होगा चहुँओर
पत्नी करवाचौथ की तैयारी कर रही होगी

अब क्या बताएँ मित्र
कहने को तो मास क्वार-कार्तिक ही है
लेकिन युद्ध का वातावरण चारों ओर है
यहाँ तक कि दिन, दोपहर और रात
कभी भी गिर पड़ती हैं मिसाइलें हमारे घरों पर चतुर्दिक व्याप्त है शोर हर क्षण हमें रहना होता है
तैयार
बीवी-बच्चों के साथ

पत्रों की तो बात ही मत पूछो
झाँकता था जहाँ कहीं बहुत अपने का खुशगवार चेहरा देखते ही चिहुँक जाते हैं हम
डर लगता है पता नहीं कहाँ से भहरा पड़े डाकिया
गम अंगेज!

फसलों को अच्छा होना था इस बार
कि अचानक तापमान बढ़ा
भैंसों ने पुरइन फेंक दिया
दोस्तों ने मुँह मोड़ लिया
पड़ोसी जाने कहाँ बिला गए

नहीं दिखे खंजन पक्षी अबकी बार
बहुत ढूँढ़ा नीलकंठ को विजयादशमी पर
पता नहीं कहाँ लुका गया था वह

करता रहा इन्तजार भर दिन फुन्नन मियाँ का
नहीं दिखे अबकी बार
कहने को तो मौसम दीवाली का है
कोयल ने अभी तक बोलना बन्द नहीं किया
बहुत लखेदने के बाद भी
नहीं भगाया जा सका दरिद्दर अबकी बार!

अब क्या बताएँ कि क्यों नहीं शुरू कर सका यात्रा कलकत्ता की
होनी थी जो वर्षा के बाद
क्यों नहीं भेज सका जवाब
पूछा था जो वर्षों पहले...

छोड़ो अब मत पूछो मीत
यह ही बोली यह ही बात
कहने को तो शरद पूर्णिमा
बहुत घनी अपनी यह रात!

[रचना तिथि : 13.10.2001]

पूँछ-पूँछ

प्यारे बच्चो आओ अब
खेलें हम सब पूँछ-पूँछ

जाने दो उस पवनपुत्र को
आग लगी जिसकी पूँछों में
जाने कितनी लम्बी वह थी
रावण के उस छूँछों में

बदला भेस राम ने अपने
'सियाराम' अब हो गए सपने
गली-गली में हल्ला करते
दौड़े राम लहू हैं झरते

मुट्ठी उठी तनी हैं भौंहें
'जैश्रीराम' की खाते सौंहें
आग लगाई उस मन्दिर में
शबरी जिसमें बाट है जोहै

चली गई अब वह रामायण
चली गई उसकी वह महिमा
खाट पे रोवैं तुलसिदास अब
कैसे बचे पूँछ की गरिमा!

यह एक ऐसा पागलपन है
दाढ़ी बढ़ी गई है मूँछ
अब यदि बच्चो कुछ करना है
आओ खेलें पूँछ-पूँछ।

[रचना तिथि : 09.08.2002]

मखरोरी

बरसात के होने न होने के बीच
बीतता गया आषाढ़ अपनी पूर्णिमा के साथ
और स्थिति यह है कि उमड़ते-घुमड़ते बादलों के बीच सनसनाहट-भरे देह के स्पर्श में
सांध्यकाल की ललाई लिये
उड़ती हैं मखरोरियाँ

जहाँ कहीं से उठती हैं ये मखरोरियाँ
उतार ही लेती हैं कपड़े
पशुओं तक को कर देती हैं बेचैन
और बेना के खुरदरे डंठल से कोथती रहती हैं
गाँव को अपने भूलने के विरुद्ध

ये कभी भी भुलाई नहीं जा सकतीं बाजार की स्मृतिहीनता से
कभी नहीं कुचली जा सकतीं रथों के घर्घरनाद से त्रिशूल, शंख और गदा के गर्जन से
कभी काटा नहीं जा सकता इन्हें

अपनी गहनतर सूक्ष्म आकृतियों में रहती हैं उन सभी जगह
जहाँ धनुष पर चढ़ी आँखें कभी टिक नहीं पातीं जहाँ बादलों का कोई गर्जन डेंट नहीं पाता

ये गाँव की मखरोरियाँ हैं
जी हाँ आजन्म मखरोरियाँ
अग्निपक्षी मखरोरियाँ

जब तक आती रहेंगी ये
आते रहेंगे बादल
आती रहेगी आषाढ़ की शाम
और सब कुछ के विरुद्ध
याद आते रहेंगे गाँव।

[रचना तिथि : 09.08.2002]

सगड़ी

यह सगड़ी है
अनब्याही लड़कियों की तरह
अनगढ़ उबाऊ पथ पर भी
भरती रहती अपनी चाल

यह नहीं झिझकती किसी को बुलाने में
किसी को बिठाने में
कई-कई लोगों को देती है पनाह एक साथ
गाँव के गाँव समा सकते हैं यहाँ पर

यदि कहीं गाँव अब बचा है
तो इसी सगड़ी में

यदि कहीं शहर की फाँक मिटती है
तो इसी सगड़ी में

इसके होने में बची है गठरी
खूँट की गाँठें
अगहन की धूप
और जेठ की लू भी

जब कभी गाँव जवार में कोई कराहता है आधी रात को
या कि चिलकती है कोई महिला
प्रसव वेदना से
यह सगड़ी ही है जिस पर भरोसा किया जा सकता है

यह बाहर से रिक्शा है
भीतर से ट्राली
बाहर से सभ्यता है
भीतर से संस्कृति

यह एक ऐसी सवारी है
जो बाजार की सारी अगर-मगर के बीच
फर्क नहीं करती
आदमी व इंसान में।

[रचना तिथि : 12.08.2002]

गाजीपुर

यह एक ऐसा शहर है जहाँ लोग धीरे-धीरे आते हैं धीरे-धीरे रहते हैं
और धीरे-धीरे रहने लगते हैं

यहाँ आने वाला हर व्यक्ति कुछ सहमा सहमा रहता है कुछ कुछ अलग-थलग रहता है
जैसे उमस भरी गर्मी में दूसरे का स्पर्श
लेकिन धीरे-धीरे ससुराल गई महिला की तरह
जीना सीख लेता है

यहाँ रहने वाला हर व्यक्ति यहाँ रहने के लिए नहीं आया
उसके चारों ओर पड़ा रहता था हमेशा ही एक उदास घेरा
जिसमें उसने कभी पवहारी बाबा में विवेकानंद को खोजा
तो कभी कार्नवालिस के मकबरे पर बैठते
सोचता रहा इतिहास के बारे में

वह जैसे-जैसे रहता गया
(या कि रहता गया होगा)
अच्छा लगता गया गंगौली और धामूपुर
अच्छे लगते रहे टैगोर
जो कभी गुलाबों के इस शहर में बीमारी अवस्था में आए थे

वह इन्हीं गुलाबी जगहों में टटोलता रहा कुछ सुन्दर सपने
जो उसके बहुत डरे मन के भीतर से आए थे
और जिसे सोचते उसने जाना
कि दुनिया की सारी सुन्दर जगहें
डरे हुए लोगों द्वारा ही बसाई गई हैं!

जीवन जैसा चल रहा था
इन्हीं डरी जगहों में रहना था उसे निडर
नथुनों में भरनी थी नई माटी की महक
नई उम्मीदें और नये सपने

इन्हीं सपनों के बीच उसने जाना अचानक
कि उसका भी एक मकान है
उसके भी बच्चे हैं जिसमें चहलकदमी करते
और उसकी कुछ अतृप्त इच्छाएँ हैं
जिन्हें अब यहीं से पूरा होना है!

अपनी इन्हीं इच्छाओं में उसने गढ़ी एक संस्कृति
दिया एक शहर का नाम!

वह गाजीपुर हो
या फिर हाजीपुर।

[रचना तिथि : 28.12.2002]

बहुरूपिये

अब नहीं दीखते बहुरूपिये
जैसे नहीं दीखते भूत
हमारे बचपन के

वे चले गए दादी के किस्से की तरह
घर में आँगन की तरह गाँव में परती जमीन
और हम में अपनों की तरह

जब वे होते थे
उनके पीछे होता था पूरा व्यक्ति
पूरा विकास
और पूरा का पूरा व्याकरण

उनके चलने में चलता था
किसी बहुत पुराने लोकगीत का टुकड़ा
कोई बहुत पुराना छूट गया बचपन
किसी बहुत अपने के बिछुड़ने की पहचान

जब वे उछलते थे
तो टपकता था रक्त उनके शरीर से
झाँकती थी कंकाल सदृश हड्डियाँ उनके भीतर
और डराने के सारे उपकरण के बावजूद
डरता कोई नहीं था उनसे

उनका होना सभ्यता को असभ्य बनाने से रोकने का अन्तिम प्रयास था
और इस प्रयास में शामिल थे
वे बहुत सारे रूप जो जरूरी होते थे

एक बहुलतावादी राष्ट्र को

अब इस बात पर आश्चर्य नहीं होना चाहिए
कि क्यों नहीं दीखते आजकल उनके वे रूप
क्यों नहीं प्रतीक्षा रहती हमें उनकी
और क्यों उनकी एक उछाल...
धूल, ध्वजा और धनुष के अहसास मात्र से हम सिहर उठते हैं

दरअसल हमारी इस सभ्यता में
जहाँ सब कुछ सचमुच का होने लगा हो
कैसे बचाते वे अपना वजूद
सचमुच के न होने का!

[रचना तिथि : 20.11.2003]

आम-खास

एक गाँव में एक महिला को निर्वस्त्र करके घुमाया गया। उसी के पास पाँच सौ लोगों को जिन्दा जला दिया गया। उसके थोड़ी ही दूर पर सात सौ लोगों को गोलियों से भून दिया गया।

इसमें एक नवजात शिशु बच गया

यह अखबार की आम खबर थी।

हमारे गृहमंत्री ने सरदार भगत सिंह देखी
महामहिम आज शाम सात बजे भोज देंगे
और शहर के बुद्धिजीवी जो माननीय प्रधानमंत्री के लँगोटिया यार थे
किसी चूहे के द्वारा काट लिये गए

यह सम्पादक की खास खबर थी।

अब समझ सका कि आम और खास में
कोई खास अन्तर नहीं है
सिवाय एक चीख के!

[रचना तिथि : 09.10.2004]

महतरिया माई

[गाजीपुर के शेरपुर गाँव में प्रचलित एक कहावत के आधार पर]

वहाँ महतरिया माई का विलाप था
जब वह बिलखती थी
पूरा गाँव रोता था
आदमी का एक हिस्सा रोता था

जब कहीं बकरा कटता
किसी कमरे में गोश्त पकता
वह रोती थी

जब किसी के घर में कोई बहू आती
जब कोई विदा हो रहा होता
या कि जब किसी की चौरी पूजी जा रही होती
वह हिचकती रहती

वह बहुत हिचकती थी
जब कहीं आग जल रही होती
कहीं कोई धुआँ उठ रहा होता

इस प्रकार वह देवराला में हिचकती और तमोली में कपिलवस्तु और लहरतारा में
गुजरात और दिल्ली में भी

वह क्यों हिचकती
यह कोई नहीं जानता
जो जानता भी
वह केवल इतना जानता

शकुंतला या नागमती भी
कभी हिचकी थीं ऐसे ही

ठीक रात बारह बजे या कि भरी दोपहर में
जब सारे लोग सो जाते
वह निकल पड़ती गाँव के सीवान की ओर
और टेरती थी राग
काहे कइला हो बाबूजी दुरंग नीतिया...

यह राग महतरिया माई था
जिसे कहीं भी दर्ज नहीं किया गया था

एक दिन चुपके से वह भाग गई मायके
बहुत मनाने के बाद भी नहीं आई
और जब आई
वह पूरा गौहर थी

महतरिया माई अब पूरा गौहर थी
जिस पर न रोने का असर था
न हँसने का

अब जब कभी गाँव में कोई बहू आती
कोई लड़की रोती
लोग सब भूलते हैं
महतरिया माई को पत्तल परोसना नहीं भूलते!

[रचना तिथि : 20.12.2002]

मनिहार

औरतों की बहुत भीड़ के बीच
वह चुनता है चूड़ियाँ
माली चुनता है मालाएँ जैसे
ठीक अवसर के लिए

उसे पता नहीं होता अपनी महबूबा के बारे में
अपनी औलाद के स्कूल तक को वह नहीं जानता अब्बा की खाँसी महज
खाँसी नहीं है
वह तो यह भी नहीं जानता

हिन्दू कहाँ से आए
मुसलमान की धरती कहाँ है
मनु कौन थे बाबर कौन था?
वह नहीं जानता

वह तो यह भी नहीं जानता
वेद क्या है
कुरान क्या है
काशी कहाँ है
मक्का कहाँ है?

जब कभी कोई पूछता
उसकी जाति वह गड़बड़ा जाता अली-वली-बली कर सकते हैं उसकी मदद
वह तो यह भी नहीं जानता

लेकिन वह जानता है

कलाई के रंगों के बारे में
वर्ष-भर के त्योहारों के बारे में
चूड़ियों के बारे में

उसकी इन्हीं चूड़ियों पर न जाने कितनी बार जलाए गए हैं चूल्हे
जाने कितनी बार लगाई गई है मेहँदी
और बालम को रिझाने के लिए न जाने कितनी बार खनखनाया गया है कजरी का गीत

बिस्मिल्ला खाँ की शहनाई के तार
सोमा घोष के गीत भी
जुड़ते हैं इसी मनिहार से
जिसमें होती हैं दुआएँ
गुजरे जमाने की पहचान
और बहुत बारीकी से टाँके गए अमीर खुसरो के गीत!

जब वह नहीं होता
बुझती है साँझ
एक औरत के भीतर
उठती है हूक

यह मनिहार की हूक है
जो कभी अयोध्या से
तो कभी अहमदाबाद से उठ रही है।

[रचना तिथि : 23.11.2002]

प्रभु से प्रार्थना

एक

तुम्हारी विरासत में जिन्दगी बहुत उदास लगती है प्रभु! गीत बहुत खटर-पटर करते हैं
हवा बहुत सरसराती है

मुक्ति के द्वार पर आया हुआ पक्षी प्रभु!
बहुत बेचैन होता है
फटफटाता है
और अपने पंखों में अपनी मृत्यु को समेटे
उसी ओर चला जाता है लगभग तुम्हारी विरासत की ओर

यह पृथ्वी का गहनतम रहस्य ही है प्रभु!
जमीन अपनी अपनी नहीं लगती
जहाँ तुम थमकर बैठ लेते हो
वहाँ की मिट्टी कुछ-कुछ स्याह हो जाती है

प्रभु! तुम्हारी दहलीज तक आते-आते
'मन्दिर' कहानी की बुढ़िया
आज भी बहुत उदास लगती है
जियावन आज भी बहुत फटफटाता है

प्रभु! हमें पता है कि हमारे लोकतंत्र में
तुम कर भी कुछ नहीं सकते
सब को छूट है अपनी हवाओं में होने का
अपने आकाश में तैरने का
और जहाँ चाहे हाथ धोने का

पर फिर भी
फिर भी प्रभु!
तुम एक बार प्रकट हो लेते
कब्रिस्तान में ही सही

सम्भव है कि गर्मियों और पसीनों के बीच
कोई रिश्ता ठीक से बन पाता
बसन्त में फूट पड़ता कोई गीत
तुम्हें सचमुच का छूता हुआ।

दो

हजार वर्षों के तुम्हारे इतिहास में प्रभु!
हमारे हाथ सिर्फ तुम्हारी पूजा में उठे हैं
हमारी करुणा सिर्फ तुम्हारे भय के आश्रित रही है तुम्हारे रंध्रों में सिर्फ और सिर्फ
या तो दूध व गंगाजल उतरता रहा है
या फिर तुम्हारे मिट्टी के बने पुतलों का खून

यह तो तुम भी नहीं चाहते होगे प्रभु!
कि हमारे हाथ उठें
या तो दया में या फिर करुणा में

कभी-कभी उन्हें
अपनी कुहनियों में भी उठना चाहिए।

[रचना तिथि : 12.11.2001]

भुतहिया टाँड़

पहली बार जब मैंने इस शहर में प्रवेश किया था
तब इसी भुतहिया टाँड़ ने मेरा स्वागत किया था

बस थी कि तेजी से भाग रही थी
मैं परिचित शहर से लगातार एक अपरिचित शहर की ओर भाग रहा था
और कुछ-कुछ परिचय की बेचैनी से परेशान
हर चेहरे को निहार रहा था
कि अचानक बस रुकी
और पता चला कि यह भुतहिया टाँड़ है
गाजीपुर का प्रवेश द्वार

इस दो घंटे की यात्रा में मुझे पहली बार मिला इतना परिचित शब्द
कुछ कुछ डोहरी के मोड़ जैसा
जहाँ से अकसर ही गुजरना होता था

यह अपने गाँव बरवाँ का अनिवार्य प्रवेश द्वार था
जहाँ गोधूली के साथ ही छा जाता था सन्नाटा
और सरसराती नीम की पत्तियों के बीच
अकसर ही किसी के उछलने-कूदने की आवाज आती थी।

यह उन दिनों की बात है जब भूत किस्सों में नहीं जीवन में भी दिखते थे
कोई नदी के किनारे
तो कोई आम के घने बगीचों के बीच
कभी-कभी वह उछल कर सड़क के बीचोबीच आ जाता
कभी वह चुपचाप बैठ जाता साइकिल के पीछे कभी-कभी यह भी होता कि
वह एक लावारिश बच्चे की पुकार बनकर चीखता

हमें घर से अकसर ही हिदायत दी जाती
कि दिन ढलने के पहले ही गुजरना होगा मोड़ से
और यदि खुदा न ख्वास्तः कभी देर हो ही गई यात्रा में हनुमान चालीसा का पाठ न भूलना

हनुमान चालीसा उन दिनों हर आदमी की जुबान पर होता था।

आज जब वर्षों बाद इस भुतहिया टाँड़ से मिलना हुआ तो लगा कि कुछ भी अपरिचित नहीं है
बरवाँ व गाजीपुर के बीच
हर शहर के पहले होते हैं कुछ टाँड़
जिन्हें समझना वहाँ से परिचित होना है

इस समझ में पहला व्यक्ति जो मिला
वह बुजुर्ग था जिसके कई बच्चे हैजे का शिकार हो गए थे
उसने बताया कि यहाँ आम के घने बगीचे थे
इतने घने कि मियाँ गाजी को भी इसके पार जाने की हिम्मत नहीं हुई
और वह यहीं से चुपचाप लौट गया था

उसने यह भी बताया कि एक-एक कर कटते गए सभी पेड़
और भूतों ने अपनी जगह बदलनी शुरू कर दी

उसने इशारे से दिखाया एक घर
और कहा कि वह जो खिड़की पर लगा है दरवाजा उसकी चौखट में अब बसते भूत

साथ ही उसने यह भी बताया कि जनाब आप भी जब कभी बसेंगे किसी शहर में
तो अपने साथ रखेंगे इसी तरह के चौखट व दरवाजे और खुदा न ख्वास्तः
बस ही गए इस शहर में
तो लिखेंगे एक कविता
भुतहिया टाँड़ पर

उसने अन्तिम रूप से यह अनुरोध भी किया
यूँ तो सियासत में इसे कहने लगे हैं 'प्रकाश नगर' लेकिन आप कभी मत

कहिएगा ऐसा

यह इस शहर की आख़िरी निशानी है
जिसे मैं आपको सौंप रहा हूँ

वह इस शहर का अन्तिम भूत था
जो नितप्रति घनी होती जा रही इन बस्तियों में चीखता-चिल्लाता रहता है।

[रचना तिथि : 03.04.2005]

पोतना

कच्चे घर के पीछे एक पोतने की उपस्थिति
उसके सही-सलामत होने की निशानी है
जबकि आज के घर में वायपर का प्रवेश
घर में कितने ही वायरस का प्रवेश है

कभी का पोतना
जिसे बहुत सहेज कर रखा गया था
आँगन के एक कोने में
विलुप्त होती प्रजातियों में सबसे जोरदार प्रजाति है

यह कब बना वायपर
कोई नहीं जानता

कब उग आए इसके हाथ-पैर
कोई कह नहीं सकता

लेकिन धीरे-धीरे अर्श से लेकर फर्श तक का सफर किया इसने पूरा
धीरे-धीरे चिकने फर्श से गायब होने लगे बूढ़े
धीरे-धीरे घर की चहल-पहल भी जाती रही
चमक रहने के बावजूद
चहक का नहीं था कुछ अता-पता

एक दिन अचानक जब
किसी संगमरमरी फर्श से फिसले बूढ़े की तरह
उखड़ ही गए इसके हाथ-पाँव
तब बहुत याद आई पोतने की

लोगों ने पुचकारा उसे
नहला-धुलाकर उठाया गया उसको
लेकिन पोतना तो पोतना ही था
उसने उठने से मना कर दिया।

[रचना तिथि : 03.04.2005]

रामफेर

इस अकेले घर में
जहाँ चारों तरफ ऐश्वर्य का दबदबा था
सब तरह की सुरक्षा थी
रामफेर को नींद नहीं आ रही थी

रामफेर!
हाँ रामफेर ही एक दिन गाँव से चलकर अपने बच्चों से मिलने
काशी आए थे
सोचा था काशी करवट के पहले
काशी का ढाँचा तो देख लिया जाए
देख लिया जाए घाटों पर उठती मंगला आरती के बीच महाश्मशान की लपटों में कितनी आर्द्रता है
कितनी गहराई है बालू पर लेटी हुई गंगा की

और तो और
रामफेर का यह भी मन हुआ
कि कितने लोगों में कितनी बार फिसलता है चन्द्रमा भोले के जटाजूट से खुलकर!

लेकिन इन सब स्थितियों के बीच
यह एक अजीब मुश्किल थी
कि रामफेर के चारों तरफ एक शान्ति के बावजूद रामफेर को नींद नहीं आ रही थी।

बच्चे उनसे बार-बार पूछ रहे थे
कहीं कोई मच्छर तो नहीं है

कहीं कोई भूख तो नहीं लगी है
कहीं किसी सुर्ती की तलब तो नहीं है

और हर बार रामफेर का जवाब नकारात्मक ही रहता

एक दिन जब बच्चों ने थोड़ा जोर से कहा
या कि कहना चाहा
कि कहीं कोई शोर भी तो नहीं है
तब रामफेर से रहा नहीं गया
अरे बेटा वही तो नहीं हो रहा है
यह कहते हुए रामफेर झटके से उठे
और गाँव की तरफ चल दिए

आज रामफेर बहुत प्रसन्न थे

प्रसन्न रामफेर अपने जीवन में लौट रहे थे
एक सन्नाटे को चीरते हुए।

[रचना तिथि : 05.10.2003]

अथ काशी प्रवेश

धूल व धुएँ के बीच
लपकों व गपकों से अटे पड़े
अभिजात गरीबों के इस पुरातन शहर में
मेरा प्रवेश
गालिब के काबा-ए-काशी जैसा नहीं हुआ
बल्कि होल्कर हाउस के ठीक सामने लगे इमली के स्वाद जैसा हुआ

यह वही इमली का पेड़ है
जहाँ सदियों से कई 'देवदत्तों' का वास है
जिसकी तरफ 'होल्कर हाउस' की सीढ़ियाँ चढ़ते
मित्र वाचस्पति ने चुपके से बताया था
और जैसे ही कहा था कि कुछ को तो काशीनाथ जी ने अपने संस्मरणों में
कैद किया है
शहर की तमाम दाढ़ियों में जूँओं के रेंगने की आवाज आई थी

इस शहर से मैं कई बार गुजरा हूँ
कभी ओस की तरह तो
कभी दूब की तरह

कभी शिशिर की तरह
तो कभी बसन्त की तरह

जब कभी गाजीपुर की गंगा में लहरें उठी हैं
या कि वहाँ की स्त्रियों ने गुनगुनाए हैं छठ के गीत
इस शहर के तट पर न जाने कितनी बार
गंगा की लहरों में उतरती आरती की तरह

देखा है अपने चेहरे को चुनचुनाते

इस शहर में ठीक मणिकर्णिका की लहरों के बीच इसी बीस सितम्बर को
अपनी माँ को रख आया था चुपचाप
और वहाँ से लौटते वक्त
उसकी अन्तिम एक मुट्ठी देह को सँभालता
मैंने जाना कि मैं
एक बार फिर जना गया हूँ।

मैं जब कभी यहाँ से गुजरा हूँ
मैंने हमेशा महसूस किया है
कि राँड़ों, साँड़ों व सीढ़ियों के इस सारस्वत प्रदेश में डाँड़ों की कोई भूमिका नहीं है
जबकि पूरे शहर को अपने ही कंधों पर उठाए
ये धाँगड़ लोग
पंडों व पुरोहितों से दिपदिपाते इस शहर को धार देते हैं और धाह भी!

यह एक अजीब शहर है जिसका कोई समय नहीं है जिसे कहीं भी पहुँचने की कोई जल्दबाजी नहीं है
जहाँ रात रात नहीं होती
दिन दिन नहीं होता

यहाँ जो भी होता है
या तो ठेके पर होता है
या फिर ठेले पर।

यहाँ हर आदमी
एक तरफ अपने कंधे पर अपनी चिता को उठाए
मस्ती से टहल रहा होता है
तो दूसरी तरफ
अपनी जाँघों में अपने हुस्न को दबाए
अपने मरकज की तरफ माइले परवाज रहता है[1]

1. इस पंक्ति के लिए शायर अजीज के इस शेर का कृतज्ञ हूँ—अपने मरकज की तरफ माइले परवाज या हुस्न भूलता नहीं आलम तुम्हारी अँगड़ाई का।

यह यह शहर है
जो जहाँ पर खड़ा है
वहीं पर पड़ा है
घोड़े की तरह अड़ा है

यदि आपको विश्वास न हो तो
गोदौलिया से रेंगते-रेंगते
लंका तक चले आइए और इन दोनों को मिलाने वाली अस्सी को
जरा ठहरकर ठकठकाइए

वहाँ ठीक पप्पू चाय की दुकान पर
भनभनाती हुई
एक ऐसी आवाज मिलेगी
जो स्पांडिलाइटिस की तरह
शहर के पूरे खिंचाव को महसूस करती
अपनी जीभ से
पूरे शहर को सहलाती रहती है।

यह गया सिंह की आवाज है
जो काशी के अस्सी परिक्षेत्र में
अपने ही दाँतों में उलझकर
किटकिटा रही है

मेरे लिए यह काशी प्रवेश
लपरी गंगा से झपरी गंगा में प्रवेश जैसा है
जहाँ पालों व नावों के बीच
दुनिया रोज बदल जाती है।

[रचना तिथि : 31.12.2005]

नजर

[पत्नी सुनीता के लिए]

पिछली बार जब हम मिले थे
ठीक इसी जगह
इसी तरह हम एक-दूसरे को टटोल रहे थे

हमारी आँखों में एक सूर्य था
उसमें एक गहरी चमक थी
लेकिन पलकों के गिरने पर हमें भरोसा नहीं था

हम एक-दूसरे के सागर में उतरने की कोशिश कर रहे थे
लेकिन अनायास ही एक ठसक थी हममें
जो हमें भीगने नहीं देती थी

हम हथेलियों पर फूल खिलाते थे
अपने-अपने सागर में छपाक-छपाक करते थे
और यह बताते हुए कि अपनी रिक्तताओं में भी
एक आकर्षक शून्य था
अपने बीते कल में अकसर ही फलाँगते थे
लेकिन हमें भविष्य पर भरोसा नहीं था

आज वर्षों बाद जब पुनः मिल रहे हैं इसी जगह
हम खुश हैं कि हमने एक-दूसरे को जाना है
एक-दूसरे को समझा है
ठीक उस नजर की तरह
जो अपनी पुतली को समझती है।

[रचना तिथि : 09.01.2006]

खुली रेत

खुली छाती
खुला मन
खुला तन
मोहे मोह री!

अलस नायिका सोय री
अपने वसन का खोल बिस्तर
रोम छिद्रों से सरलता
की सुगन्ध बिखेर री
मोहे मोह री!

अपने मगन में
गगन लगन को
रात के गुजरे पलों-सी
चूम री
मोहे मोह री!

खेलती उसकी छरहरी पेट पर
हेम ऋतु की धूप कोमल
ताल देते कीर कुन्दक
मगन मृग
अब जल विमल को
तलाश री
मोहे मोह री!

अब उठी
तब उठी

उठ गई
उठ ही गई
सूर्य की आभा चमकती
आभ तकती
चाँदनी वह
विदा देते कह गई कुछ
छूछ री
मोहे मोह री!

[रचना तिथि : 08.03.2008]

करुणा

नदी किनारे
एक अफसोस-सी फैली है रेत

क्रोध लहरों के रूप में तैरता है नदी में
और थोड़ी विश्रान्ति की इच्छा से
नदी में करुणा उतर आती है

यह जो रेत है
असल में रेत नहीं है
नदी की करुणा है
जिसे नदी ने पुरखों के लिए छोड़ रखा है
अपने आँचल में।

[रचना तिथि : 09.03.2008]

धूप

रूप रेत भर
धूप खेत भर
फैल गई है चादर ताने
तट पर

सूरज नभ पर
हाँफ रहा है आशा कर कर
लौटेगी उसकी यह आभा
भर-भर रेत
नदी के तट पर

पर कैसे लौटेगी
छोड़ उम्र भर
अभी-अभी तो आई है
धूप कहाँ भेंटी
रेती को

जी भर!

[रचना तिथि : 10.03.2008]

बेचैनी

एक ऐसे समय में जहाँ सब चुप हैं
सब शान्त हैं
सब स्थिर हैं

एक बेचैन हो उठता है
बोल पड़ता है
और कसकर चिल्लाता है

यह इसी की चिल्लाहट है
जिसमें सब अपनी चुप्पी सुनते हैं
और चिल्लाने लगते हैं।

[रचना तिथि : 20.03.2008]

रेत की माँ

नदी के बीच में पहुँचकर
एक द्वीप पर खड़ा होकर
कभी मैं नदी को देख रहा था
तो कभी रेत को

नदी चुपचाप सोई हुई थी
और रेत हुमच हुमच कर दूध पी रही थी

रेत लगातार मोटी होती जा रही थी
जबकि नदी दुबली
और दुबली होती नदी
यह देखकर प्रसन्न थी कि लोग उसे माँ कहते हैं।

[रचना तिथि : 29.03.2008]

नाव

एक

नाव चलती है
हम ठहर जाते हैं
इस पार

नाव ठहरती है
हम चलने लगते हैं
उस पार!

दो

नाविक कहता है
बैठो आहिस्ता
बोलो धीमे
देखते नहीं उस पार
कैसी उभर रही हैं आकृतियाँ
रेत की लहरों में

कौन कहता है
सपाट है रेत
कोहरे की तरह निचाट है रेत!

देखते नहीं
कितने बेबस आँसुओं को छिपाये है रेत

एक अफसोस जैसे फैले
अपने विस्तार में!

[रचना तिथि : 19.01.2007]

सपने

एक

न न न
न छूना इन्हें
इन्हें केवल देखो

ये खिलौने नहीं हैं
ये सपने हैं
अभी कच्चे हैं
छूते ही ये भहरा जाएँगे।

दो

यह बनारस नहीं है जनाब
यह गाजियाबाद है

यह पिचकारी नहीं है साहब
यह निठारी है

अस्सी की शाम नहीं हुजूर
यह दिल्ली की रात है

जरा इन्हें छूकर तो देखो
कितने बच्चों की किलकारियाँ सुनाई देंगी
यहाँ!

[रचना तिथि : 20.01.2007]

रेत में अरमान

रेत में आकृतियाँ उभर रही हैं
रेत अपनी आकृतियों में उभर रही है
धीरे-धीरे

रेत जानती है कि
नदी उसके साथ है
जब वह ठहरेगी
नदी तब भी बहती रहेगी
उसके भीतर

क्योंकि रेत होना बहना है।

बच्चे लगातार पकड़ते हैं इस रेत को
जैसे सपनों में जीवन पकड़ रहे हों
क्योंकि सपनों में होना
जीवन होना है

वे समझना चाहते हैं सपनों का रंग
जो एक-एक कर उभरते हैं
और विलीन हो जाते हैं

वे एक-एक आकृति में छोड़ते हैं अपना रंग
और जमाने का ढंग देखो
लोग इन्हें कलाकार कहते हैं
जैसे कलाकार होना कुछ अलग होना है
आदमी नहीं कुछ रंग होना है।

मेरे दोस्त!
इस बहुरूपिये शहर में ये जो छोटे-छोटे हाथ हैं
मिला है इनसे ही
एक आकार

और यह जो आकृतियाँ हैं
महज आकृतियाँ नहीं हैं
ये इनके अरमान हैं
जो फूट पड़ने को बेताब हैं।

[रचना तिथि : 29.03.2008]

अंकुरण

तुम्हारे रोवों का उठना
रेत-भर का प्रेम होना
फिर चटखना
अँगुलियों के मानिन्द
दौड़ पड़ना
धमनियों में

तुम्हारे रोवों का उठना
हमारी पुतलियों का सिहर उठना
बस उतना ही समय रहना
गया जो पलक के साथ अपना

हाय कैसे कहूँ
हृदय की पुकार पाना
इतनी दूर तक साथ आना
छोड़कर सभी अपना
रेत में रेत का
अंकुरित होना।

[रचना तिथि : 31.03.2008]

बसन्त

टेसू के फूल समान
फैली है रेत
भाप में लहकती हुई

साँस है कि थकी-थकी चल रही है
थकी-थकी नहीं बल्कि रुकी रुकी चल रही है
कहाँ भगे जा रहे हो पाहुन
आश है कि धरे-धरे
कह रही है रेत।

बसन्त है कि हिलाता है हिया
नदी के ठीक उस पार
फूल कचनार के लहराता है जिया
मन है कि अकुलाए चित्त से
पुकारता है पिया-पिया

रेत है कि चूमती है पाँव
चाँदनी जैसे झुरमुट से गाँव
छोड़ मत जाना मीत
बस एक बार
एक बार उतर आओ
मेरी प्रीत
बौर रीत!

आखिर इतनी भी घूँछ नहीं
कि कहीं पूँछ नहीं

मैली तो हूँ
लेकिन इतनी कुचैली नहीं

तनिक सहला कर देखो
अब भी उतनी ही शीतल हूँ
रजतल में बहती हुई
दखिनी हलचल हूँ।

तनिक फँसकर तो देखो
तनिक धँसकर तो देखो
ग्रीष्म में भी पखारूँगी तुम्हारे पाँव
अपनी छाँव

कहाँ जा रहे हो उधर की ठाँव
शहर-शहराँव
बरवक्त जहाँ रहता है
काँव-काँव!

[बसन्त पंचमी, 2008]

रेत चिट्ठी

एक

पुल अकसर धोखा दे जाते हैं
नदी के पाट को लेकर

नदी कितनी चौड़ी है कितनी पतली
कितनी गहरी है कितनी छिछली
कितनी उदार है कितनी आक्रामक

यह मौसम भी नहीं जानता

शिखरों की बात कौन कहे
समुद्र भी नहीं बता सकता

पुल की तो बात ही और है
ठोस व ठस!

ऐसे में नदी के ठीक-ठीक पते के लिए
पुल से ज्यादा भरोसे की होती है
छूटी हुई रेत
जैसे ठीक-ठीक पते के लिए
भेजी जाने वाली चिट्ठियों से
ज्यादे भरोसे की होती हैं
छूट गई चिट्ठियाँ!

दो

रेत नदी की चिट्ठी है
यात्रा की जल्दबाजी में
छूट गई
राह पर

इस चिट्ठी में कैद हैं अनगिनत ही सन्देश
हिमालय ने जो भेजे थे
समुद्र के लिए

मसलन कि यहाँ पाँव भर नमी है
तो बाँह भर गरमी

आँख भर रोशनी है
तो प्यार भर हवा

स्वर्ग भर सफलता है
तो नरक भर विफलता!

यदि इसे ठीक से पढ़ लिया जाए
तब पढ़ा जा सकता है
रेत के भीतर कैद
मौसम की हरियाली को
जिसे भोजन पकाने के पहले
आग के हवाले कर दिया गया!

[रचना तिथि : 22.01.2009]

रेत नाव

एक

नदी है
कोहरा है

कोहरे में नदी है
नदी में कोहरा है

को हरा है
को भरा है
कहना कठिन है

बस एक नाव है
जो सदियों से मेरे साथ है।

दो

मेरे पास एक नाव है

इस पर कुछ जंगल लदे हैं
कुछ आसमान

कुछ अँधेरा लदा है
कुछ रोशनी
कुछ अतीत लदा है
कुछ व्यतीत

इस पर बैठा हुआ मैं
अपनी कुहनियों से इसे खे रहा हूँ

जितना ही खेता हूँ इसे
उतना ही खोता हूँ इसकी तरंग को
पाने के लिए

अपना अन्तरंग!

तीन

रेत के ऊपर नाव
नाव के ऊपर रेत

कौन किसके ऊपर
कौन बता सकता है

अपने विस्तार में
दोनों ने नदी को चुना है
और दोनों ही छोप लेते हैं
नदी को
एक चुनौती की तरह

नदी है कि चुपचाप
लहरों को ठेलती हुई
चली जा रही है!

[रचना तिथि : 27.01.2009]

आर्द्र चितवन

पानी के भाप होने के विरुद्ध
रेत
नदी की एक सार्थक उपस्थिति है

यह तब भी होगी
जब नदी नहीं होगी
नदी के अस्तित्व के खिलाफ
हर साजिश का पर्दाफाश करती

जब तक रेत है
नदी है
नदी के पक्ष में
एक आर्द्र चितवन की तरह।

[रचना तिथि : 20.02.2009]

गँवई गन्ध

रेत
जीवन की हर नाउम्मीदी के खिलाफ
एक सम्भावना है

जितना ही कुरेदो इसको
कड़कती है रेत

जितना ही धँसाओ इसमें
धधकती है रेत

जितना ही जलाओ इसको
गँवई गन्ध की तरह
अकड़ती है रेत।

[रचना तिथि : 21.02.2009]

सूखती नदी

रेत नदी का सूखना नहीं है
नदी के बहाव का कम होते जाना है
रेत।

नदी जब सूखने लगती है
तब बहुत कुछ सूख जाता है
अलहदा!

आहिस्ता आहिस्ता बन्द होने लगती हैं
घंटे और घड़ियालों की आवाजें
भाप बनकर उड़ने लगते हैं सपने
सुबह की उम्मीद के साथ
ढहने लगता है जीवन।

शिशिर फेंकने लगता है लपटें
बसन्त तपिश से कुलबुलाता है
और ग्रीष्म जैसे अपने ही आँच में झुलसने लगता है

शहर का सबसे सुरक्षित किनारा
अपनी ही धारा से द्रोह कर बैठता है
और कचरे की सम्भावना से अटा पड़ा शहर
अपने ही वजूद में रिसने लगता है

नदी जब सूखने लगती है
बहते शहर को कोई नहीं बचा सकता

शहर तभी तक आबाद है
जब तक बह रही है
एक नदी!

[रचना तिथि : 03.03.2009]

किस्से

लोग कहते हैं
ऋषि अगस्त ने
एक दिन अचानक समुद्र को निगल लिया

असल में ऋषि ने समुद्र को निगला नहीं
अपने भीतर की रेत को उगल दिया था।

लोग यह बताते हैं कि हनुमान जी ने
समुद्र को लाँघ लिया था हँसी-हँसी में

मुझे लगता है हनुमान जी ने कुछ लाँघा-वाँघा नहीं
बस बैठे-बैठे अपने भीतर की रेत को उछाल दिया तबीयत से।

समुद्र को लेकर अनन्त किस्से हैं जगत में
रेत को लेकर एक भी किस्से नहीं हैं जीवन में
मसलन घर को ही लें
दीवारों के बहुत किस्से हैं
बालू को लेकर
कुछ भी नहीं!

[रचना तिथि : 08.03.2009]

रेत पसीना

पानी अपना रंग बदलता है
रेत नहीं

पानी में जो मिलता है
वह पानी पानी हो जाता है
पतनार
रेत में जो मिलता है
रेत हो जाता है
रतनार!

रेत होना नम होना है
नम होना
अंकुरित होना है
अपनी शुष्कता के खिलाफ

रेत एक व्याप्ति है
जिसके बगैर कुछ भी व्याप्त नहीं है
रेत भी नहीं।

खुद समुद्र को जब व्याप्त होना होता है
कुछ कुछ मानवीय होना होता है
तब रेत होता है
जिसे हम समुद्र कहते हैं
असल में वह रेत ही है
रेत पसीना

जैसे जिसे हम मनुष्य कहते हैं
वह असल में हमारा श्रम होना है
श्रम से थोड़ा ज्यादा श्रम होते जाना!

[रचना तिथि : 11.03.2009]

देश के प्रधानमंत्री के नाम देश के एक नागरिक का खत

प्रधानमंत्री जी, आपके काशी आगमन का हम तहेदिल से शुक्रिया अदा करते हैं
हम इस बात का भी शुक्रिया अदा करते हैं कि यहाँ के घाटों की सफाई हो गई है
और गंगा के दूधिया जल में कुछ चेहरे अब उभरने लगे हैं

हम इस बात के भी शुक्रगुजार हैं कि यहाँ की ऊबड़-खाबड़ सड़कें थोड़ी स्वस्थ व सुन्दर हो गई हैं
और कुछ समय के लिए ही सही
यहाँ के रिक्शे व ताँगे वाले अब यहाँ की गलियों में घुसते समय हिनहिनाएँगे नहीं

हम आपके इस आगमन को शहर की चिकनाई से जोड़कर देखते हैं
और इस रूप में भी जोड़कर देखते हैं कि अपनी पुरातन व्यवस्था में रगड़ खाता यह शहर
यदि कभी आधुनिक दिखेगा तो वह आपकी यात्रा से ही सम्भव है जिसमें
थोड़े समय के लिए यह भी अपने पंजों पर खड़ा हो आपको निहारता है
थोड़ी देर के लिए यह आपकी अगवानी में ठहर सा जाता है
और थोड़ी देर ही सही
इसकी धमनियों में आधुनिकता से लबरेज एक ठक-ठक की आवाज लगातार बजती है
जो कान में प्रवेश करने के पहले ही दिमाग में उतर-सी जाती है

लेकिन प्रधानमंत्री जी, आपके आने व जाने के बीच कुछ ऐसे सवाल हैं
जो आपके गुजरने के बाद की छोड़ी हुई हवाओं में बरवक्त तैरते रहते हैं
जो आखिरकार यह सब देश के प्रधानमंत्री के खाते में दर्ज होता है
या फिर देश के नागरिकों के खाते का भी इससे कुछ सम्बन्ध होता है

क्या देश के प्रधानमंत्री के खाते में ऐसी ही चिकनी-चिकनी बातें दर्ज होती है जहाँ खुरदरेपन के लिए कोई जगह नहीं होती या फिर देश के नागरिक के भाग में उतना ही बदा होता है जितना कि देश के प्रधानमंत्री को सरकने के लिए जरूरी होता है।

आपकी अगवानी में जो कुछ होता है उससे हमें एतराज नहीं
हमें इससे भी एतराज नहीं कि आपका शहर आगमन शहर की नींद में एक सपने की तरह होता है

लेकिन प्रधानमंत्री जी, उस युवती ने आपका क्या बिगाड़ा था जो लंका के भीड़ भरे चौराहे पर अस्पताल जाने के लिए अन्तिम साँसें ले रही थी और आपके सुरक्षा दस्ते में इतनी सुरक्षित थी कि करवट भी नहीं बदल पा रही थी

कराहना तो दंडनीय अपराध था ही
क्योंकि इससे आपकी नींद को खतरा था
और आपकी नींद की हिफाजत करना उसके लिए एक बड़े राष्ट्रीय दायित्व को निभाने जैसा था

इधर हम थे कि जो कभी शब्दों से लोहा गलाने की क्षमता रखते थे
जो कभी शब्दों से पर्वत ढहा सकते थे
जो कभी शब्दों से आपकी नींद हवा कर सकते थे
उस आदमी को तनिक भी नहीं पिघला पा रहे थे
जो आपकी ओर से हमारी सुरक्षा में खड़ा था

कभी आपने सोचा कि आपकी इस यात्रा में उसकी जो साँसें अटक गई थीं
उन साँसों के चलते रहने में आपके देश की क्या भूमिका है
या कि जिन शब्दों से हमारा भरोसा छिन गया है
उनसे खुद आप कितने सुरक्षित रह गए हैं?

प्रधानमंत्री जी, आखिरकार उस गौरैया ने आपका क्या बिगाड़ा था जो सड़क पर फुदक रही थी
उस कुत्ते ने आपका क्या बिगाड़ा था जो केवल बाँस की बल्लियों को लाँघने के अपराध में इस दुनिया से विदा हो गया

और तो और उस साँड़ ने आपका क्या बिगाड़ा था जो अलमस्त ढंग से सड़क के एक किनारे बैठा देश का जायजा ले रहा था

क्या आपने कभी सोचा कि जिस साँड़ को आपकी सरकार ने देश-निकाला दे दिया
उसके घर को बनाने में आपकी सरकार ने अभी तक क्या किया है

वह आज भी सड़क के बीचोबीच वैसे ही टहलता है जैसे कि अपने जन्म के समय सड़क के ठीक बीच में पैदा हुआ था

प्रधानमंत्री जी, जब आप लाल किले से देश के नौनिहालों के नाम सम्बोधन करते हैं
तब मेरे मन में कोई सवाल नहीं उठता
क्योंकि देश के झंडे के नीचे हमें कुछ न बोलने का एक ऐसा संस्कार जन्मघुट्टी की तरह दे दिया जाता है
कि आप जो कुछ भी बोलेंगे
देश की पवित्र जनता के लिए पवित्र झंडे के माध्यम से पवित्र मन से ही बोलेंगे

आप वहाँ बैठे रहते हैं तब भी मेरे मन में कोई सवाल नहीं उठता क्योंकि जिस शहर में आप रहते हैं और जिसे हमारी धड़कनों के रूप में बताया जाता है वह शुरू से ही सवालों के बाहर है—
लगभग अपने देवता की तरह जिन पर सवाल करना अपनी ही बेवफाई का इजहार करना है

किन्तु जब आप बाहर रहते हैं
मसलन यही कि जब आप हमारे इस पवित्र शहर में रहते हैं और शहर की प्राचीनता व पवित्रता व जातीयता व मानवता व जाने किस-किस प्रत्ययी 'ता' पर बोल रहे होते हैं मेरे मन में आपको लेकर बार-बार सवाल उठता है कि आप कैसे बोल रहे होंगे उस जगह पर
जहाँ पर आपको हिलने भर की आजादी नहीं मिलती
जहाँ आप आराम से नाक भी नहीं खुजला सकते
और जहाँ पाँव भर फैलाने की आजादी भी नहीं होती

मुसकुराना तो यूँ भी राष्ट्रीय अपराध होता है!

क्या हमारे देवता ऐसे ही होते हैं प्रधानमंत्री जी
या फिर जिसे देवता बनाना होता है
उन्हें ऐसा ही कर दिया जाता है
कि वे ठीक से हिल-डुल भी न सकें
ठीक से हँस भी न सकें
ठीक से बोलने को कौन कहे
ठीक से सुन भी न सकें!

प्रधानमंत्री जी, जितना आप कैमरे के इस देखने में रमे रहते हैं
कितना अच्छा होता कि आप हमारे देखने को लेकर भी थोड़ा नम रहते

थोड़ा यह भी समझते कि आपके इस शहर में कोई है जो जनता के नाम पर समझ रहा है

तब कितना अच्छा होता कि इस देश में सिरफिरों की संख्या थोड़ी कम होती
देश की जनता थोड़ा गम खाती
और जिसे कहने के लिए हमें तरह-तरह के शिल्प को ईजाद करना पड़ता है
उसे आपसे सीधे कह सकते

न सही आपके शहर का होकर
अपने शहर का होकर तो बोल ही सकते।

प्रधानमंत्री जी, क्या कभी आपने सोचा है कि आपके शहर में हमारा तनिक भी प्रवेश
आपके शहर में एक ऐसे खौफ को जन्म देता है
जिसमें बहुतों की जान केवल इसलिए चली जाती है कि कभी वे ऐसा न सोचें
जबकि हमारे शहर में आपका प्रवेश इस तरह होता है जैसे यह शहर आपका बनिहार हो
जहाँ जब तब आप दावा ठोंकने के लिए चले आया करते हैं

या कि यह भी कि जब भी आपको खखारने की इच्छा होती है
जब भी आपको निबटने की इच्छा होती है

जब भी आपको कुछ टपकाने की इच्छा होती हैं
इस शहर में आ धमकते हैं
जहाँ शहर की हवाओं तक को आपको गुदगुदाने की मनाही है
जहाँ शहर में चमकता सूरज आपको छू भी नहीं सकता
जहाँ की धरती आपके पाँवों को सहला भी नहीं सकती!

गंगा की तो बात ही अलग है
वह तो बेचारी यूँ भी आपके आगमन से लुड़िया जाती है।

प्रधानमंत्री जी, इतनी धरती, इतना आकाश, इतना सूरज और इतनी हवाओं को लेकर आप स्वयं चलते हैं
कि हमारे लिए कठिन हो जाता है अपनी हवाओं को समझना
कठिन हो जाता है अपने देश की गन्ध को महसूसना
और जब तक हमें कुछ सूझता है
आप गुजर चुके होते हैं
हमारी हवाओं से

प्रधानमंत्री जी, कहने को तो बहुत कुछ है
और यह बहुत कुछ आपके लिए कुछ भी नहीं है
फिर भी इतना तो कहा ही जा सकता है कि आपका सब कुछ जिस काफिला के नाम पर घटित होता है
उसमें हमारे लिए सिवाय इसके कोई जगह नहीं बचती कि हम अपना-अपना काफिया मिलाकर अपने को ठीक करें
और एक काफिर की तरह उपद्रवी घोषित किए जाने के पहले ही अपने को देश की सुरक्षा के नाम पर समर्पित कर दें

और बावजूद इसके आपका जयघोष करें
फिर भी जय हिन्द की तरह
जय जय हिन्द की तरह!

प्रधानमंत्री जी, मैं जानता हूँ कि मेरा यह सवाल भी
जैसा कि अब तक होता आया है
एक सिरफिरे के भड़ास निकालने वाले खाते में दर्ज होगा जिस खाते में पहले से ही भारी आँकड़े दर्ज हैं

लेकिन सवाल फिर भी सवाल है कि इतनी सड़ाँध को पचाते हुए इतनी चिकनाई का हम क्या करें
जिसमें मक्खियों तक की सुरक्षा में सरकार का सुरक्षा दस्ता मुस्तैद रहता है।

[रचना तिथि : 14.03.2008]

मोबाइल और लड्डू

यह एक दिन की बात है कि घूमते-टहलते
मैं पहुँच ही गया एक दुकान पर
और दुकानदार से कहा कि मेरा मोबाइल भूखा है
इसे कुछ पैसों की दरकार है
ताकि यह कुछ बोल सके

भूखा आदमी सिर्फ सुन सकता है
यह बात न चाहते हुए भी दुकानदार के समझ में आ गई
और उसने तुरन्त ही अपनी ओर से एक टुकड़े को खुरचना शुरू कर दिया
लगभग वैसे ही जैसे दूध के दहकने के बाद खुरचन को खरोंचा जाता है

वह जैसे-जैसे खरोंच रहा था
वैसे-वैसे मोबाइल के चेहरे पर चमक उभरती जा रही थी

थोड़ी देर में स्थिति यह थी कि मोबाइल पूरी तरह तैयार था बोलने के लिए
गाने के लिए
चिचियाने के लिए

इसी समय एक आदमी जो बहुत देर से वहाँ पर खड़ा था
जो बहुत दूर से चलकर यहाँ आया था
जो मुक्ति की इच्छा से किसी मन्दिर में चला गया था
और जिसे अभी भी अपनी काशी की तलाश थी,
सहमते हुए मेरे हाथ में एक लड्डू रख दिया
और अतिशय विनम्रता के साथ निवेदन किया कि मैं लड्डू को अभी खा लूँ

यह कहते हुए वह बहुत परेशान दिख रहा था
लगभग एक अपराधी की तरह
जिसने एक ऐसे आदमी से कुछ खाने के लिए कह दिया था जो भागते-भागते
एक धमाके में बिखरे चेहरों का पता देने
यहाँ तक आया था

यहाँ तक क्या, जाने कहाँ-कहाँ गया था!

मेरे सामने स्थिति यह थी कि एक तरफ मेरा मोबाइल लगातार बज रहा था
दूसरी तरफ हाथ में एक लड्डू था जो लगातार पिघल रहा था

यह लड्डू व मोबाइल के बीच गजब का रिश्ता था
जिसने लड्डू को परम्परा के खाते में डाल दिया था
और मोबाइल को आधुनिकता के खाते में!

लड्डू में खामोशी थी
मोबाइल उदास था

मेरे पास कुछ सपने थे
जिसमें कुछ गुर्राहट थी तो कुछ भन्नाहट
और इनके बीच मुझे दोनों को बचाना था
और हालत यह थी कि दोनों को बचाना
हथेली पर पसरी उम्मीद की तरह कठिन हो गया था

मैं इस समय विचार की चरम स्थिति में था
और लड्डू को लगातार आधुनिकता के खाते से मूल्यांकित कर रहा था
और मूल्यांकन की इस कोशिश में
लड्डू आहिस्ता-आहिस्ता मेरे हाथ से गायब हो रहा था

थोड़ी देर में मेरे हाथ में कुछ चिपचिपाहट उभरने लगी थी जिसमें कुछ घी था
कुछ बेसन
तो कुछ नमक भी!

लड्डू में नमक!
यह एक खतरनाक सवाल था

और मैं लड्डू को कुछ वैसे ही घूरे जा रहा था
जैसे यात्रा में आप सामने वाले की रोटी को घूरते हैं
जब वह आपकी तरफ रसद का हाथ बढ़ा रहा होता है

इस क्रम में मैं लगातार लड्डू के बारे में सोच रहा था
कि आखिरकार उस लड्डू को कैसे समझूँ
कैसे देखूँ
जिसे एक अपरिचित ने अतिपरिचित भाव से मेरे हाथ में रख दिया था
और मैं एक अति परिचित तथ्य के सामने खड़ा था
जहाँ लड्डू खाने के बारे में
लगातार मोबाइल होकर सोच रहा था

मैं आज भी सोचता हूँ कि उस आदमी ने मुझे लड्डू खाने को क्यों दिया
जबकि मेरा मोबाइल
धमाके में बौखलाते विचार की तरह
लगातार बज रहा था
और वह मुझे ही खाने को क्यों कह रहा था
जबकि मैं ही उसके खाने के बारे में ज्यादा सोच रहा था।

[रचना तिथि : 08.04.2008]

घर

एक

घर बनाने में बहुत से सामान आए।

घर को मिला सीमेंट, बालू और सरिया मिले कुछ कारीगर, बढ़ई और मजदूर

मेरे हिस्से में आईं कुछ ध्वनियाँ

मैं इन्हीं ध्वनियों को सुनता हूँ और इन्हीं के सहारे घर के भीतर पाता हूँ खुद को।

दो

घर ध्वनियों से मुक्ति के लिए नहीं होता वह होता है ध्वनियों को सुनने के लिए

जितनी ही बड़ी ध्वनियाँ उतना ही सुन्दर घर

मेरे घर का पता इन्हीं ध्वनियों में है।

तीन

मैं अपने घर में एक किताब की तरह प्रवेश करता हूँ पन्नों की तरह उसके कमरों में टहलता हूँ और पिछवाड़े के जिल्दनुमा दरवाजे से जब निकलता हूँ

तब खुद को एक बड़े घर में पाता हूँ जिसमें कई रोशनदान उभर आए हैं

इन रोशनदानों से ध्वनियाँ आती हैं जहाँ मेरे पुरखे फुसफुसाते हैं।

चार

जब नहीं था नहीं होने का गम था

हर बार छोटी पड़ती गई चारपाई हर बार किताबों के लिए जगह कम पड़ती गई हर बार मेहमानों के लिए कोने का रोना रोता रहा

अब जब घर है तब होने को लेकर नम हूँ कैसे मिलेगा इसको दाना-पानी कैसे देखूँगा इसके अकेले का होना सफर की दुनिया में

घर में होने न होने के बीच थरथराता है वजूद अपनी ही उपस्थिति का।

[रचना तिथि : 21.11.2010]

तनी हुई विफलता

अकड़ी हुई रस्सी
बची रहती है जलने के बाद भी
राख में

वह आदमी जिसकी आँखों में चमक थी
गिरने के बाद भी छोड़ देता है कुछ रोशनी
बनिस्बत उस आदमी के जिसकी आँखें झुकी रहती हैं
औरों की दया के भार से

अपनी लघुता में पड़ी रहकर
मुट्ठी जो तनी रहती है
ज्यादा भरोसे की होती है
उन खुली हथेलियों से
जो चिपचिपा जाती हैं
दूसरे की महानता को ढोते-ढोते

आँधी में टूटकर गिरा हुआ मकान
तूफान में सूखकर रेत हुई नदी
थककर गिरा हुआ आदमी
ज्यादे भरोसे का होता है

अपनी-अपनी सम्भावनाओं में
समर्पित सफलता से
ज्यादा मूल्यवान होती है
तनी हुई विफलता!

[रचना तिथि : 26.10.2008]

आतंक

पहली बार जब वह आया तो बड़ा आकर्षक था। उसमें सम्मोहन की अद्भुत क्षमता थी। वह तरह-तरह के करतब दिखा रहा था। उसके हाथों पर फिरहरी की तरह नाचती बन्दूकें थीं। ये खिलौनों की तरह जनता के बीच आकर्षण का कारण थीं।

दूसरी बार जब वह आया तब वह पुराने खिलौनों को मिटाकर आया। उसने कुछ तोड़-फोड़ की और पुरानी जगहों को छोड़कर कुछ नये ठिकाने बनाए। ठिकाने उसके इतने स्थायी थे कि वह अब दूसरों को करतब दिखा रहा था। वह जानता था कि लोगों को अब तक करतब से ही जीता गया है।

तीसरी बार जब वह आया तब कहीं से नहीं आया। वह यहीं कहीं रह गया था। कभी गरीबों की झोंपड़ी में। कहीं झाड़ बनाने वालों के घरों में। या फिर किसी परचून की दुकान पर।

अब तक वह व्यापार को ठीक से समझने लगा था। वह समझने लगा था कि किसी को जीतना बगैर व्यापार के सम्भव नहीं है। वह जानता था कि व्यापार विश्वास देता है। इसी से सभ्यताओं को जीता गया है। इसी के भरोसे किसी के आँगन तक पहुँचा जा सकता है।

अब तक वह काफी खूँखार हो चला था और इतना खूँखार कि लोगों को सोचने का अवसर ही नहीं मिला—
कि वह इतना विनम्र
कि इतना साधु स्वभाव
कि इतना समर्पित
कि इतना हँसोड़ था
कि कभी वह इतना सब कुछ हो सकता है

अपने से अलग होकर
आदमी नहीं पुतला हो सकता है।

अबकी बार, गो कि आखिरी बार, वह आया
तब हमारी पुतलियों पर एक निशान छोड़ गया
लगभग गहरा लाल निशान

साथ में यह सन्देश भी कि वह यूँ ही आता रहेगा
कभी बच्चे की शक्ल में
कभी खिलौने की शक्ल में

कभी-कभार कचड़े की शक्ल में!

आखिरकार स्थिति यह है कि अब उसे आने की जरूरत ही नहीं पड़ती
अब वह बरवक्त आता रहता है
कभी हमारी नींद में
तो कभी हमारे सपनों में!

[रचना तिथि : 27.12.2008]

ईश्वर एकवचन है

एकवचन यथार्थ है
बहुवचन अवधारणा

एकवचन हकीकत है
बहुवचन फसाना

एकवचन से बहुवचन के बीच वजूद का तनाव है
जो एकवचन के रिसने से बनता है,

इन दोनों की लड़ाइयों में मारा एकवचन ही जाता है
जैसे मारा जाता है इंसान
धर्म के मोर्चे पर लड़ता हुआ
बहुवचन के नाम पर

ईश्वर एकवचन है
जिस दिन यह बहुवचन होता है
अपने ही सृजन को कुतरने लगता है।

[रचना तिथि : 27.01.2009]

बसन्त

यह बसन्त है।

धीरे-धीरे भरता जीवन रस
चढ़ता यौवन ज्यों मकरंद पात
उठती सिहरन जब गात-गात
झर-झर झरते सब दिवस-रात
आलस पियराता लालस ललियाता
नदी-नार के ठहरे पानी में
भाप-ताप सा उतराता
यह बसन्त है।

तापस-तपसी का शीर्षलेख
उत्तप्त जवानी का जोखिम
मन की निजी गहराई में
हलचल-सा ज्यों तनहाई में
बिछला-बिछला फिसला-फिसला
उषा काल की दखिनाई में
चलता-फिरता बटरोही सा
यह बसन्त है।

होगा कोई ज्यों अनदेखे
भ्रमरी हवा की बेला में
गुजर गया होगा पथ में
पागल पिकी पे
मुसकाते—

अपना तो बस कर्म अनाहत
आकुल चित से रस भरता
आतप में भी वात सा तिरता
ठिठुरन में किट-किट करता

बोझिल पाँवों जो बचा रह गया
बुद-बुद करता
खुद-बुद करता
वही बसन्त है।

हाँ, यही बसन्त है।

[बसन्त पंचमी, 2010]

पोस्टर

मकान खाली है
दुकान खाली है
संस्थान खाली है

आजकल बहुत कुछ खाली है
बताता है पोस्टर
चिपका जो रहता
कभी ए.टी.एम. मशीन के ऊपर
तो कभी पी.सी.ओ. के बगल में

हर पोस्टर कुछ न कुछ बता ही जाता है
कुछ न कुछ दर्ज कर ही जाता है
खाली जगह

मैं हर पोस्टर को गौर से पढ़ता हूँ
एक-एक हर्फ को बाँचता हूँ जैसे पहली बार
कि कहीं दिख जाए उस आदमी का भी पोस्टर
जो खाली है
जिससे मिल सकूँ
और बतिया सकूँ
अपना दर्द
जी भर।

[रचना तिथि : 10.06.2011]

बाटी

गोल-गोल बँधी लोई
मुट्ठी भर सिंकी पोई
बादल भर कटी बोई
कौन बतावै ले गया कोई।

दावत में खोई-खोई
स्वाद में अब धोई-धोई
धंधेबाज चूल्हों में
धुकुर-धुकुर इहै होई।

कौन जाने
का होई
हम पोउब
की उ पोई।

[रचना तिथि : 12.07.2011]

पेड़ और पिता

एक

एक पेड़ जो कि पेड़ नहीं था
जब गिरा तब पेड़ हो गया

गिरना
जैसे अपने नाम को पाना है।

दो

पिता वर्षों घर की सूची से गायब थे
जैसे एक पेड़ गायब रहता है
सड़क की सूची से

एक पेड़ जब गिरा
तब पिता की याद आई

एक दिन गिरेंगे पिता भी
आँगन की याद लिये!

तीन

पिता फिर उगेंगे
एक पेड़ की तरह

और खुशबू की तरह छा जाएँगे
पूरी कायनात पर।

[रचना तिथि : 10.09.2012]

भैंस

भैंस पगुरा रही है

भयानक तपिश के बाद
अभी-अभी उसने पानी पाया है

झहर-झहर बरस रहा है आषाढ़
और वह गड़क कर बैठी है सावन की तरफ मुँह किए

अभी-अभी वह मड़िया से निकली है
धुल-पुँछकर चिकनी हो गई है
और चमकदार भी

रोएँ उसके बड़े ही मुलायम
इतने कि अँगुलियों से पकड़ में न आएँ

लेकिन चहड़कर बैठी है
सड़क के बीचोबीच
हर खतरे को धता देती हुई

आखिरकार यह उसकी भी तो सड़क है
जिसे कुछ ही दिन पहले
इसने खाँचा था खुरों से

अपने मालिक से लाड़ करती हुई।

रास्ता बन्द है
गाड़ियों की कतारें हैं चारों ओर
भन्नाई हुई आवाजें फेंकती हुई

यह दो चमकदार चिकनी चीजों का तनाव है
जिसमें एक के पास अपनी चमक है
दूसरे के पास उधार की

भरा कोलाहल है चारों ओर
सत्ता व शासन के बीच भारी आपाधापी है
देश के सामने एक बड़ा खतरा है
कि रास्ता बन्द है
और भैंस है कि थसड़कर बैठी है
काँटिदार जबड़ों को हिलाती हुई।

यह तब की भैंस नहीं है
कि आप जब चाहें
उसके पुट्टे पर हाथ रख दें
और वह भहराते हुए चौंक जाए
एक काँपते हुए भविष्य जैसी।

फिलहाल तो हालत यही है कि यह एक भैंस है
जो अकड़कर बैठी है
और कड़ककर पगुरा रही है।

[रचना तिथि : 12.08.2011]

वसीयत

जो आहट थी आसपास
वही मेरी परम्परा थी
और इसे ही मैं अपनी वसीयत में लिख रहा था

मेरी कविता ही मेरी वसीयत है
जहाँ मेरी आहटों को दाना-पानी मिलते रहने की बातें दर्ज हैं

मेरी इस वसीयत में उन सभी के नाम दर्ज हुए समझे जाएँ जिनके कारण मैं वसीयत लिखने के लायक बना।

[रचना तिथि : 15.09.2011]

गन्ध

गन्ध कुछ और नहीं
रंगों को भीतर तक उतार देना है।

रंगों से छनकर आती गन्ध
मेरी आँखों से ज्यादे नथुनों को भर रही थी
जहाँ से मेरी धमनियों में रंग उतर आता है

जिसे दुनिया ने रंग की तरह पहचानने की कोशिश की
उसे मैंने गन्ध की तरह महसूस किया है
और धरती पर पसरता जाता हूँ

मुझे मालूम है कि आकाश के पास रंग ही रंग है जो कि ठहरा हुआ है

गन्ध तो धरती के पास ही है
जिससे उसका डोलना सम्भव हुआ है।

[रचना तिथि : 15.09.2011]

एक स्त्री घर से निकलते हुए भी नहीं निकलती

एक स्त्री घर से निकलते हुए भी नहीं निकलती
वह जब भी घर से निकलती है
अपने साथ घर की पूरी खतौनी लेकर निकलती है

अचानक उसे याद आता है
गैस का जलना
दरवाजे का खुला रहना
नल का टपकना और दूध का दहकना
एक-एक कर वह पूछती है
प्रेस तो बन्द कर दिया था न!
आँगन का दरवाजा तो लगा दिया था न!
किचेन का सीधा वाला नल बन्द करना तो नहीं भूली!

अरे! हाँ! वो सब्जी
वह महँगी हरी पत्तियों वाली सब्जी
जो अभी सुबह ही तो लाई थी सट्टी से
प्लास्टिक से निकाल दिया था न!

हाँ, हाँ अरे सब तो ठीक है
आपको ध्यान है अलमारी लॉक करना तो नहीं भूली
अभी कल की ही तो बात है महीनों के बचाए पैसे से नाक की कील खरीदी थी।

इस तरह वह बार-बार याद करती और परेशान होती है
कि दूध वाले को मना करना भूल गई
कि बरतन वाली से कहना भूल गई कि उसे कल नहीं आना था

कि पड़ोसिन को बता ही देना था कि कभी-कभी मेरे घर को भी झाँक लिया
करतीं।

इस तरह एक स्त्री निकलती है घर से
जैसे निकलना ही उसका होना है घर में।

[रचना तिथि : 25.09.2011]

अँधेरे में काशी

शाम के वक्त लोग जब
अपने-अपने अड्डों को जाते हैं
काशी अपने अँधेरे में चली जाती है

काशी का अपने अँधेरे में जाना
अँधेरे में काशी का होना है
जहाँ जीवन की आहट मिलती है
और ज्ञानी अपना ज्ञान बघारता है

अँधेरे में काशी
उजाले की काशी से ज्यादा खूबसूरत है
और मादक भी

यह अँधेरे में मचलती है
और मिचलती भी
जहाँ दर्द है और प्रसव भी

अँधेरे में काशी
अपलक निहारती रहती है ग्राहक
टिकठी की तरह तनी हुई

कभी यह अलसाई हुई खूबसूरत नायिका है
तो कभी हुंकारती हुई नागिन
और इन दोनों के बीच
उसका बिस्तर वही महाश्मशान होता है
जिसकी ज्योति कभी बुझने नहीं पाती

इसकी हर घाटों में थिरकन है
और थकान भी
करीब-करीब उस बूढ़े की तरह
जो हर शाम घर से नाराज होकर निकल जाता है
अपनी जवानी की खोज में

अँधेरे में यह शव है
उजाले में पाखंड

अँधेरे में काशी को समझना हो तो
गंगा के ठीक बीचोबीच चले जाइए

काशी लगातार उभर रही होती है
सूरज लगातार डूब रहा होता है

काशी में चीजें अँधेरे में आती हैं
जैसे अँधेरे में आते हैं विचार
अँधेरे में आता है दूध
अँधेरे में आता है प्रेम

अँधेरे में काशी
एक तरफ से उठती है
तो दूसरी तरफ से सिकुड़ रही होती है

काशी का यह उठना और सिकुड़ना
काशी का अँधेरे में चलना है
एक ऐसे उजाले की तलाश में
जो हर बार थोड़ा स्थगित हो जाता है।

[रचना तिथि : 05.06.2008]

छठ की औरतें

कबीर की कुलबोरिनें
कुलतारनों के इस शहर में
जब लरजते हुए चलती हैं
तब कुलघातकों से अटी पड़ी गलियों में
सूरजमल भी लजाने लगते हैं।

जब वे चलती हैं
अपने साथ पृथ्वी की पूरी गोलाई लेकर चलती हैं

उनकी हर पुकार में सूरजमल थोड़ा खिसक जाते हैं
उनकी हर धड़कन में ललाई थोड़ी सघन हो जाती है
उनकी हर साँझ में सुबह थोड़ी निखर उठती है

डूबते सूरज को अर्घ्य देना उन्हें अच्छा लगता है।

यह विदाई के शोक से ज्यादा मिलन के संगीत का मौसम है जहाँ अपने ही हाथों पवित्रता का विसर्जन है

उन्हें बहुत अच्छा लगता है
किसी विदा होते पुरुष का हालचाल पूछना
उसके जन्म की कथा को याद दिलाना
और इस बात का अहसास कराना कि
उम्र की डोरी पर अकेले नहीं चला जाता

उम्र-दर-उम्र उनके हाथ दुआओं में ही उठे हैं
परत-दर-परत वे खाद बनती गई हैं

मौसम-दर-मौसम झड़ती रही हैं

वे झड़ती रही हैं कभी शिशिर में
तो कभी बसन्त में

उन्होंने एक दिन में कभी कुछ नहीं चाहा
नहीं चाहा सब कुछ एक रात में

उन्हें सपनों की हरियाली का पता है
पता है अपनों के उजाले का क्या मतलब होता है

क्या होता है पुरुष का चिलकना
जब उसके घर लौटने पर
घर घर नहीं होता
यह वे जानती हैं

वे जानती हैं कि कार्तिक अमावस्या के बाद का लखेदा गया दरिद्दर फिर प्रकट हो सकता है
फिर दिखाई दे सकता है कोई राहु चन्द्रमा को डसता हुआ
या कि किसी इन्द्र में फिर कोई इच्छा हो सकती है
उनकी इच्छा के विरुद्ध

बड़ी-बड़ी बातों से उनका कोई मतलब नहीं होता
इस बात से उनका कुछ भी लेना-देना नहीं है
कि राजा शर्याति की पुत्री सुकन्या ने अपने अन्धे पति च्यवन की आँखों में कैसे डाली थी रोशनी
उन्हें यह भी नहीं मालूम कि आवभगत के लिए परेशान द्रौपदी को ऋषि धौम्य ने कान में क्या कहा था
या कि स्वयं सुकन्या ने नागकन्या से कैसे यह सब पाया था।

लेकिन उन्हें पता है कि उनके बगैर कोई गीत फड़फड़ा नहीं सकता
कोई अंकुर फूट नहीं सकता
कोई आग सुलग नहीं सकती

और तो और उनके बगैर कोई सुगनी की व्यथा कह नहीं सकता
किसी घटवार की फटकार तो सम्भव ही नहीं है

वे जानती हैं कि सूरज के बगैर दुनिया का रंग कैसा है
पति के बगैर पतितों की नजर कैसी है
सूत्र के बगैर लाठी में कितनी लहकता है

कच्चे धान को कूटने का क्या मतलब होता है
यह वे जानती हैं
वे जानती हैं कि रंगोली के बाद के भड़ेसर में कितनी ऊष्मा है कितनी मिठास
है कुंडा के जल में

वे यह भी समझती हैं कि मंगलकामना की इच्छा से पतिदेव जब अगोरते
हुए चलते हैं
उनके प्यार को
तब कितना अच्छा लगता है उस विश्वास को पाना
जिसे हमारे शास्त्रों ने
सदियों से खो दिया है

सूरजमल के पुकारने से शुरू हुई इनकी यात्रा
इसी धरती के एक छोटे स्थान से शुरू होकर
जब समस्त देवलोक को घेर लेती है
तब विश्वास होता है कि सृष्टि के सारे चमत्कार
त्रिपुंड से ही शुरू नहीं होते

कभी-कभी वे एक कुंड से भी शुरू हो सकते हैं।

सदियों की कठिन साधना के बाद
अपने पानिब के भार से पराभूत ये परवैतिनें
हरही गाय की तरह हरहराते हुए जब चलती हैं
तब वे एक ऐसे सत्याग्रह पर निकली हुई जान पड़ती हैं
जिनकी चूड़ियों में जितनी खनक है
उससे ज्यादा ठनक

जितना उपवास है
उसमें ज्यादा मिठास

यह खरना के बाद की मिठास है
जिसे अरघ-दर-अरघ उन्होंने पाया है
जहाँ सूरजमल से अधिक
अपने ही सिर का साया है!

छठ की ये औरतें
वास्तव में छठी की औरतें हैं
जिनके दूध की याद तब तक बनी रहेगी
जब तक सिर पर टोकरी दबाए
अदितमल पीछे-पीछे चल रहे हैं

उन्हीं की हथेलियों से छिटके हुए प्रकाश में।

[रचना तिथि : 12.10.2007]

मनुष्य स्त्री

एक स्त्री की दुनिया में पुरुष एक पहाड़ है

वह जितनी बार इसे लाँघती है
शापग्रस्त हो जाती है
लेकिन जितनी बार शापग्रस्त होती है
उतनी बार अपने रकबे का सृजन करती है।

यह मैं अगस्त ऋषि के बहाने किसी मुक्त स्त्री की कथा नहीं कह रहा हूँ
अपने बहाने एक मनुष्य स्त्री की बात कर रहा हूँ

वह आ रही है
और हम हैं कि बगैर कुछ कहे
थोड़ा निहुर गए हैं।

[रचना तिथि : 12.12.2007]

चैली

मैली
कुचैली
फैली है
चैली
चूल्हे की ताक में

लकड़ी
चिकनी
चिपकी है घर से
धरन के खयाल में

पेड़ जितनी बार कटते हैं
चैली उतनी बार होती है उदास।

उसे पता है कि लकड़ी जितनी बार चिकनाई जाएगी
खराद पर वह ही चढ़ेगी
जितनी बार दरवाजे की नाप ली जाएगी
आरी से वह ही छँटेगी

बहुत हुआ तो कभी-कभार
साँकल बन खटखटाएगी
नहीं तो अपने ही लोगों से दूर
कुछ के हाथों
अदहन बन सनसनाएगी।

[रचना तिथि : 10.02.2008]

मुखिया

विश्वविद्यालय बहुत तरक्की कर गया है। तकनीकी ने छात्रों को बहुत कुछ दिया है। हमारे नौजवान छात्र पैकेज पर आसानी से पकड़े जा सकते हैं। उन्हें अब घर की याद नहीं सताती। एक कहता है।

दूसरा कहता है। नियुक्ति में गुणात्मकता की बात अब कोई नहीं कहता। सर्वगुण-सम्पन्न लोग अब स्वयं ही व्यवस्था में आने लगे हैं। उन्हें अब बाहर भेजने की जरूरत भी नहीं है। वे पहले से ही अनुबन्धित हैं।

तीसरा कहता है कि कृषि व्यवस्था बहुत दुरुस्त है। विश्वविद्यालय ने अब गाँव की तरफ रुख कर लिया है। गायों ने अब काफी दूध देना शुरू कर दिया है। मुखिया की कृपा से यह परिवार की एक बड़ी उपलब्धि है।

इसी प्रकार चौथा, पाँचवाँ, छठा,
कुछ न कुछ कहता ही जाता है

अपनी उपलब्धि से सन्तुष्ट
संसाधनों से सुरक्षित
मुखिया सिर्फ गरदन हिलाता है।

वहीं कहीं दूर बैठा मैं
टेबुल के इस पार
अपना नाखून चबाता हूँ।

[रचना तिथि : 25.09.2011]

गंगू मेहतर

गंगू मेहतर!

जिस क्षण तुमने सती चौरा में अंग्रेजों को अकेले भगाया होगा
जिस क्षण तुम्हारे नगाड़े से उठने वाली ध्वनियों में फिरंगी फौजों की टापें बिला गई होंगी
भसक गई होंगी मुश्कें उन मल्ल योद्धाओं की
तुम्हारी तनी हुई छातियों की ढाल से

कितना अच्छा लगा होगा उस क्षण
लड़ते हुए अपनी ही खाल से!

कितना शुभ दिन रहा होगा वह दिन
जब मातादीन की बेचैनी तुम्हारी धमनियों में उतर आई होगी और हड्डियों के बाहर अभी-अभी झाँकती अपनी बलिष्ठ देह को तुमने देश की आत्मा के हवाले किया होगा

यह तुम्हारा देहदान
बनते इतिहास की एक अनमोल घटना है
कि जिस समय में लोग पहलवानी के लिए अखाड़े चलाते थे और गरदनिया व पटकनिया व दरकनिया देते हुए जीवनदान की भीख माँगते थे

तुमने अपनी सम्पूर्ण देहराशि को देश के हवाले कर दिया था
जैसे कि एक बिरवा अपनी सम्पूर्ण राशि को अपने खेत के हवाले कर देता है।

तुम्हारी यह देहमुक्ति
इस बात की गवाही देती है कि
आत्मा उसी की मुक्त होती है
जो त्वचा की मुक्ति का आवाहन पहले करता है

तुम्हारी यह देह त्वचा आज भी
उन सभी गेह आत्माओं के लिए चुनौती है
जिनमें असमय ही घास उग आई है

गंगू भाई!
आजादी के खयाल में तुमने क्या-क्या नहीं किया
कभी तुमने अखाड़े चलाए
कभी तुमने नगाड़े बजाए
कभी तुमने बेलचे उठाए
तो कभी तुमने नाच दिखाए

इस नाच का आजादी से कितना नजदीक का रिश्ता है
यह तब पता चला जब एक दिन
हमने इसी तरह
अपनी-अपनी हथकड़ियों के साथ
भिखारी ठाकुर को नाचते देखा
और दशरथ माँझी को थिरकते!

यह नाच भी क्या नाच थी
अपनी सहमी-सहमी साँसों से सन्तुलन बनाते हुए
तनी हुई रस्सी पर सीधे चलना था
जहाँ सलाम करने की फुरसत ही न थी–
सलामत बच सकें
यह समझ भी कहाँ थी।

गंगू बाबा!
तुम क्या-क्या नहीं बने
कभी तबलची
कभी नगड़ची
कभी नकलची
कभी अकलची...

और भी बहुत कुछ जिसे हम कहाँ जानते हैं
और जो जानते हैं कहाँ समझते हैं
कि तुमने कितनी रातें तय की होंगी
अपनी धमनियों की आखिरी सुबह देखने में

तुम कब गंगू मेहतर से गंगू बाबा बने
कब गंगू बाबा से गंगू गिरी
कौन जानता है
जो जानता भी है
कैसे कह सकता है कि कितने अरमान लुटाए होंगे तुमने कितनी जवानियों
को कुरबान किया होगा
हमारी स्मृति में उतरने तक।

हम चाहते हैं कि हमारे सामने एक बार फिर
तुम वैसे ही आओ
जैसे उस अंग्रेज इंजीनियर के सपने में आए थे
जो पुल बना रहा था

लेकिन गंगू पहलवान!
हम यह भी चाहते हैं कि अबकी बार
तुम सपने में नहीं हकीकत में आओ
ताकि तुम्हारे आने और हमारे चलने के बीच
कोई रिश्ता ठीक से बन सके
ठीक से फूट पड़े कोई गुरुवाणी
पूजा की बेदी को ठकठकाती हुई

गंगू गुरु!
तुम्हारी इस गुरुवाणी की नासमझ उम्मीद में
मैं अपनी पूरी गुरुता के साथ तुम्हें नमन करता हूँ
और अपनी सारी राष्ट्रीय भावुकता को
आधुनिक निष्ठुरता के नीचे दफन करते हुए उस डॉक्टर को शुक्रिया अदा
करता हूँ

जिसमें इतनी संवेदना तो फिर भी शेष थी
कि तुम्हारे चित्र को बचा रखा था—

उपहास में ही सही
तुम्हारी हँसी को हमारे लिए
चुरा रखा था!

[रचना तिथि : 12.03.2008]

अड़ीबाज

[अस्सी के अड़ीबाजों के अभिवादन सा]

ये अड़ीबाज हैं
अपनी दुनिया के बेताज बादशाह
जिनके पास अपनी एक ऊँचाई है
जहाँ से वे दुनिया की ऊँचाई मापते हैं

ये वरदानी पुरुष हैं जो किसी भी पहाड़ को लाँघ सकते हैं किसी भी मछली को वेध सकते हैं
किसी को भी आकाश भेज सकते हैं

छिपने की कभी कोई जरूरत इन्होंने नहीं समझी
छिपाना इन्होंने जाना ही नहीं
हर वक्त ये सामने रहते हैं
और सारी दुनिया को अपने ठेंगे पर रखते हुए
ये खुल-खुलकर बोलते हैं और बोल-बोलकर खुलते हैं

सरहदें इनकी कभी कोई सीमा नहीं बनीं
ये किसी भी रेखा को पार कर सकते हैं
उस गौरैया की तरह
जो सुबह इस पार होती है तो दोपहर उस पार
या फिर उस धूल की तरह
जो अपनी इच्छा के अनुसार उड़ती है
हर हद को धता देती हुई!

आलस्य इनके पास फटक नहीं सकता
नींद इन्हें बुला नहीं सकती

जिसे आप झपकी कहते हैं
वह इनके विचारों का रिसाव है जहाँ वे तेजी से चौंक पड़ते हैं

इनके लिए विचार के हर नियम से बड़े दिखते हैं वे शब्द
जो इन्होंने पहली बार बोले हैं
और जो शब्दकोश में अभी तक दर्ज नहीं हो सके हैं

मूल्य इनके लिए तयशुदा माल नहीं है
बल्कि यह नकार की उन सभी सम्भावनाओं में दर्ज है
जिसे पहली बार सुनकर दुनिया को झटका लगता है

यूँ झटका देना इनकी नियति है
और हर चीज को झटककर चल देना इनकी गति है!

इनके पास अपनी बाज-दृष्टि है जिसमें ये बता सकते हैं कि किसी भी टावर को
कितने समय में गिराया जा सकता है
कितने समय में किस भवन के भीतर कितने बमों की बौछार हो सकती है
और कितने समय में एक शासक अपनी शासकीय मर्यादा से फिसल सकता है

गंगा नदी के सारे कछुए कहाँ गए
कहाँ गए शान्ति के सारे कबूतर
कहाँ गए सुबह के आगाज वाले कौए
ये जानते हैं

ये नई से नई जिम्मेदारी के लिए सदा तैयार रहते हैं
देश की बजट प्रस्तुति में भले ही देर हो जाए
इनका बजट ठीक समय में तैयार हो जाता है

बेशक इनकी उपलब्धियों में ऐसा कुछ भी नहीं है जो ठीक-ठाक हो
जो उचित व सार्थक हो
जो सुन्दर व श्लील हो
जहाँ नींद एक सन्तुष्टि हो
और जागरण एक आश्वस्ति!

लेकिन जो भी सन्तुलित व शिष्ट है
वह इन्हीं के असन्तुलन का परिणाम है
और देखिए न कि अपना सब कुछ दाँव पर लगाकर भी
ये दुनिया को दाँव देते हैं
और दुरुस्त रखते हैं

मौलिकता इनकी अन्तर्वस्तु है
और विकलता इनका आभूषण

जिसे आप सफलता कहते हैं
वह इन्हीं के द्वारा छोड़े गए आँकड़ों का विस्तार है
जिसमें रहते हुए लोग देर तक सीझते रहते हैं

लोग कहते हैं कि ये कहीं नहीं जाते
अपनी हालत से एक कदम नहीं हिलते
किसी भी हाल में कभी नहीं चिहुँकते
लेकिन देखिए न कि ये कितने आर-पार देख लेते हैं
कि वर्तमान की समूची खबरें इनके पास रहती हैं
और भविष्य की खबर भी ये ही तय करते हैं

दशाश्वमेध पर विस्फोट की पक्की खबर इनके पास होती है और जब समूचा
खुफिया तंत्र बिखरे टुकड़ों को जोड़ रहा होता है
संकटमोचन को कोड़ रहा होता है

ये गंगा में डुबकी लगाते हैं
और निकल पड़ते हैं बजरडीहा
हाथ सूँघने!

आखिरकार आँत के भी अपने हाथ तो होते ही हैं साथी!

इनमें भाँपने की अद्भुत शक्ति है
कि जिसे एक बार दाँव पर लगा देते हैं
उसे होने से कोई रोक नहीं सकता

मूल्य, नैतिकता, वफादारी व मर्यादा सब कुछ ये ही तय करते हैं और जिसे
आप राष्ट्रीय समस्या कहते हैं
असल में वह इनके द्वारा सुझाया गया समाधान ही है

दुनिया में कहीं कोई ताकत इतनी मजबूत नहीं
जिसमें सम्मोहन की इतनी प्रबल शक्ति है
कि ये जहाँ धूनी रमा लेते हैं वह व्यवस्था की धुरी बन जाता है।

कौन कहता है कि ये फुरसत के लोग हैं
कौन कहता है कि ये नासमझ लोग हैं
कौन कहता है कि इनमें दुनियादारी नहीं है

असल बात तो यह है कि दुनिया उतनी ही है जितनी ये समझते हैं
और जो ये नहीं समझते
दुनिया वह होती भी नहीं!

चाहे वह राजसभा हो
या फिर ग्रामसभा

जिसे आप महाभारत कहते हैं
उसमें उतना ही भारत है जितना ये समझते हैं

जिसे ये नहीं समझते
उसे हा हा टरका दिया जाता है
फिर चाहे वे व्यास हों
या वासुदेव।

यदि इनके योगदान को समझना हो तो साहित्य के उन पृष्ठों को टटोलकर देखें
जहाँ दर्ज हैं इनके नाम सैकड़ों मौलिक बातें
जो इन्होंने तब कही हैं
जब सभागार के ठीक बाहर ये सभा को बायकाट करते हुए बोल रहे थे

या कि बोल रहे थे तब
जब पोई के पुरवे से उठ रहा था बवंडर

भाप का
थपक-थपक थाप का!

ये अड़ीबाज हैं
जी हाँ, काशी के अड़ीबाज
जो अपनी अड़ी से इस दुनिया की पूरी खबर रखते हैं
और खबर को हमेशा बनाए रहते हैं।

[रचना तिथि : 12.03.2011]

बुरे दिनों के ख्वाब

बादल बरस रहे हैं
मेरे भीतर धूल उड़ रही है

धरती पर चारों ओर हरियाली है
मेरे भीतर मणिकर्णिका दहक रही है।

सब कुछ विकास मय है
और मैं स्मार्ट होते शहरों में जंगल की हत्या देख रहा हूँ

कहने को तो महीना आषाढ़ का है
मुझे शिशिर में पतझड़ की आवाज सुनाई दे रही है

जो इस बारिश में भीग जाएँगे
मैं उनमें हड्डियों के चटकने की आवाज सुन रहा हूँ

यूँ तो यह दूबों के हरे होने का समय है
लेकिन इससे पेड़ों के दरकने की आवाज आ रही है

यह किसी देश का संकट नहीं है मित्रो
ये तो बुरे दिनों के ख्वाब हैं
जो अच्छे दिनों की तमन्ना से छन कर आ रहे हैं।

[रचना तिथि : 14.09.2014]

बादल

काले-काले बादल आए
भीतर मेरे उजले छाए।

धरती पर हरियाली छाई
दाने बिन सब रोएँ भाई

दिन-दिन लगे आस का मेला
फँसे साँस ज्यों योग अकेला

बात-बात पर मौसम बदले
बिना बात के ज्यू तन फिसले

अब तो मुक्त करो ये भाई
बचुआ दुर्गति सही न जाई

बरसो बादल जब तुम आए।
देखो जग पर कैसे छाए।

काले-काले बादल आए
मेरे भीतर काले छाए।

[रचना तिथि : 25.07.2018]

क्या नाम दूँ

[प्रेम कविताएँ]

एक

रजाई में रुई भरवा रही हो
खड़ा-खड़ा मैं पसे मंजर देख रहा हूँ

काश तुम्हारे लिए मैं रुई बन सकता
फर्द की बाँहों के बीच पड़ा चुपचाप
तुम्हें गरम करता।

दो

चलो कुछ तो हुआ
आँखों की कोर से टपका जो टटका आँसू
कह गया बहुत कुछ पथ भटक कर

आखिर बेमौसम की बरसात भिगोती तो है
हमारी पुरानी नींद को

यादें तुम्हारी बहुत दिन बाद
गीली हुई हैं!

तीन

विदा के उस क्षण में
छू लिया जो हाथ मेरा

धुँधलके में

अँगुलियों के मानिंद
एक पूरे जनम की कथा याद आई
और अगले जनम को लेकर आश्वस्त हुआ।

चार

चुप क्यों हो
बोलो
कुछ तो बोलो
आखिरकार बोलने से ही तो चुप रहना सम्भव हुआ है

फिलहाल मैं अपने जनम की कथा सुनना चाहता हूँ कवि-कथा!

पाँच

तुम एक शब्द हो
सबद ही हो
इस जहानेफानी में
रौनक अफरोज की तरह

अदृश्य ही सही
तुम्हें क्या नाम दूँ

कविता भी कहूँ तो कैसे
बनने में ही टूट गई हो
लय जैसे!

[रचना तिथि : 23.01.2015]

आँच

हमें चिंगारी नहीं
आँच चाहिए

चिंगारियाँ तो जलाने के काम आती हैं
हमारा काम तो पकाना है

वह हाँड़ी का चावल हो
या अपने मूल से छिटके हुए शब्द!

[रचना तिथि : 14.04.2017]

वरुणा

सचमुच वरुणा इसी को कहते हैं
जिससे वाराणसी पड़ा था नाम
काशी से हट कर

हाँ, इसे ही वरुणा कहते हैं
जो अब एक करुणा में बदल गई है
अरुणा! मैंने कहा

यह वही नदी है अरुणा
जिसके तट पर भीषण तपस्या के पश्चात्
शिव ने हरिकेश यक्ष को यहाँ का मालिक घोषित किया था

यह वही नदी है
जहाँ यक्ष व शैव
शैव और वैष्णव
बौद्ध और नाग
आर्य और अनार्य जैसे सैकड़ों विचार उठे
और इसकी धारा में मिल गए

इसके पानी में ही सर्प दंश से मुक्ति की क्षमता है
और इसकी गोद में एक सम्मोहन
जहाँ बैठा हुआ कोई भी आदमी
अपने विकारों से मुक्त हो सकता है
इसके तट पर बैठ कर सैकड़ों ऋचाएँ लिखी गईं सैकड़ों मन गीत गाए गए
अनगिनत ही दीपदान किया गया

शिव ने भी इस तट पर कई बार हवन किये
पौंड्रक भी यहीं कहीं था अरुणा
इसी वरुणा के किनारे
जिसे बासुदेव का भ्रम होने पर स्वयं बासुदेव ने मोक्ष दिया था

आओ अरुणा!
हम व तुम मिल कर गीत गाएँ
इसके नये नवेले गलियारे से
इसकी विदाई का गीत रचें

सम्भव है वरुणा हमारे गीतों में बच जाए
सरस्वती की करुणा की तरह

हा वरुणा!
हाँ हाँ अरुणा!

[रचना तिथि : 24.02.2019]

पोई भाई

[अस्सी के पोई]

पोई भाई क्या करे कोई

अब जब भड़ेसर ही नहीं रहे
धीरे-धीरे मिट्टी ही चुक गई
धरती से गायब हो गए हाथ
कौन करता है पुरवे की चिन्ता

सब अपने-अपने आसमान में कैद हैं
किसे चिन्ता है आसमान होने की
कौन गहेगा उन हाथों को जो ढलते-ढलते इतने चिकने हो गए थे
कि सब रेखाएँ गायब हैं

शिरोरेखा की बात ही नहीं
सीधी रेखा भी मिट चुकी है
पुकारने की बात कौन कहे
आवाज भी गायब हो चुकी है

यह तो लरगुरिया टमाटर की स्थिति है जहाँ अपने ही जन्म के विरुद्ध एक आवाज आ रही है

पोई भाई
जरा गौर से इस आवाज को सुनें
यह पुरवों की चिन्ता करने से अधिक पुरखों पर चिन्तन करने का समय है
जो एक एक कर पराए हो रहे हैं
पूँजी के धराए हो रहे हैं!

[रचना तिथि : 23.08.2017]

पहरे पर पिता

पिता रात भर खाँसते हैं
जगते हैं तो समय पूछते हैं
सोते हैं तो खर्राटे भरते हैं

कभी-कभार
नहीं-नहीं कभी-कभी
जोर-जोर से खाँसते हैं
जैसे कि बचपन में नई नवेली बहुओं के होने पर ओसारे से ही खाँसना शुरू करते थे

पिता बहुत आश्वस्त हैं
अभी भी खाँस रहे हैं
लेकिन जब सुबह उठते हैं तो पूछते हैं
आज रात खाँसी तो नहीं आई!

पिता हमारी नींद को लेकर
अपने खाँसने में भी सजग हैं
लेकिन इतने नहीं कि जब वह आ ही जाए
तो नये जमाने की तरह 'एक्सक्यूज' कहना न भूलें!

अब जब कभी खाँसते हैं तो मुँह तोप कर खाँसते हैं और जब उनसे दवा लेने की बात कहता हूँ
तब फिर खाँसते हैं
और धीरे से मुस्करा देते हैं

खाँसना जैसे उनका पहरे पर होना है
और जिन्दा रहने का निशान छोड़ना है!

[रचना तिथि : 23.02.2013]

बदलाव

जो शहर नहीं बदल पाए
वो नाम बदल रहे हैं

जिनको कचड़ा साफ करना था
वो कपड़ा बदल रहे हैं

जिन्हें गंगा को स्वच्छ करना था
वे गौ की सुरक्षा पर जोर मार रहे हैं

अल्लाह के बन्दे हैं
जो ईश्वर के धंधे में लिप्त हैं
यादें जिनकी भोथरी हैं
वे स्मृतियों को चमका रहे हैं

ऐसे में एक शहर कब तक बचा पाएगा अपना वजूद
कि लोग चुप हैं
और अपनी बारी का इन्तजार कर रहे हैं!

[रचना तिथि : 24.04.2018]

ललिता घाट

[घाट नहीं है जो महज शक्ति का केन्द्र था कभी यह]

एक

शहर कह रहा है
पक्का महाल ढह रहा है

गंगा उतिरा रही है
जलासेन घाट पर सन्नाटा है

रेत फूल रही है
मणिकर्णिका पर उदासी है

पानी खौल रहा है
चाय है कि चहक नहीं रही

एक उम्मीद की तरह खड़ा है अभी भी ललिता घाट त्रिपुर सुन्दरी का साक्षात
विग्रह स्वरूप
नेपाली कारीगरों के हुनर का जीवंत प्रतीक

जहाँ से काशी में कभी उतरता था लालित्य
जब इसकी सीढ़ियों से गंगा का जल लेकर
चढ़ते थे शिव भक्त
नंगे पाँव ही सही
भोले दरबार में!

दो

वह जो पीपल का पेड़ है
जिसमें अभी भी कोमल बसन्त के पत्ते लगे हैं
बहुत ठहरा और उदास है

आज जब उसकी छाल से मैंने पूछा
किसी छल के बारे में
तो कहा महज इतना

कि जब सब कुछ जल चुका है
तब वह मसान ही है
जो तुम्हें तुम्हारे उत्तर तक ले जाएगा!

तीन

ललिता घाट पर चलते हुए आज लगा कि
वह कह रहा है कि मुझे एकबारगी तोड़ दो
और जितना जल्दी हो
जेसीबी को इधर मोड़ दो!

मैं किसी मजबूर मजदूर के हथौड़े से
नहीं टूटना चाहता

हथौड़े व अन्न के बीच एक तनाव होता है
जो शिव व शव के बीच के तनाव से
ज्यादे भयानक और भारी होता है!

[रचना तिथि : 11.03.2019]

पक्का महाल में हथौड़े!

शहर कह रहा
पक्का महाल ढह रहा

गंगा सिकुड़ रही
जलासेन घाट[1] पर पसरा है सन्नाटा

गंगा के बहुत नीचे शयन के बाद भी
खटर-पटर से मुक्त नहीं हैं
अपने अविमुक्त!

राजनीति लहक रही
भाषा बहक रही
रेत दहक रही
पानी है कि
महक रहा और जलशयनी शिव परेशान हैं
सभ्यता के स्वच्छता अभियान से!

चारों तरफ सन्नाटा है
चिता खोज रही है लकड़ियाँ
लालू यादव[2] की चिन्ता है

---

1. मणिकर्णिका से सटा 'जलासेन घाट' है जिसका वजूद संकटग्रस्त है। लोगों का कहना है कि शिव गंगा के तथाकथित पारस्परिक दर्शन के कारण इसे टूटना ही होगा। कहते हैं सभी घाटों में यह घाट सबसे पवित्र है और शिव के सम्मुख भी, जहाँ शिव गंगा की गोद में शयन करते हैं। इसे 'जलशयनी घाट' भी कहा जाता है।
2. मणिकर्णिका पर 200 साल पुरानी लालू यादव की चाय दुकान है जो विकास के आसन्न संकट से आशंकित है।

कि चाय पर सिमटी राजनीति में
कब तक बचा पाएगा अपनी यह गुमटी
मणिकर्णिका पर!

एक आँधी है जो उठ रही है चारों ओर
और पक्का महाल में उड़ रही है धूल

पक्का महाल से आजकल
घंटों की नहीं हथौड़ों की आवाजें आती हैं!

[रचना तिथि : 12.03.2019]

भरोसा

दिन बहुत उदास है
रात भारी
भोर है कि थकी-थकी
सुबह पड़ी है अलसाई

रास्ता लम्बा है
भीड़ से अटा पड़ा

सब हैं बहुत हैं काफी हैं
फिर भी कोई नहीं जिससे बन सके बात

कुछ पेड़ हैं इधर उधर
जो चुप हैं और देख रहे हैं

हर क्षण बदलते हुए दृश्य को

समय करवट बदल रहा है
और शाम आकर टिक गई है पत्तों पर

एक चिड़िया ले आई है कुछ तिनके
जिससे वह घर बनाएगी

आकाश से झड़ रही हैं अँधेरे की पाँखें
और सुबह का भरोसा अब
इसी चिड़िया से है!

[रचना तिथि : 14.10.2017]

गाय

हमारे समय के करुण इतिहास पर
हिंसा की तरह दर्ज अभिलाषाओं में
महा मौन की तरह
खड़ी है एक गाय
जो अभी अभी खूँटे पर आई है
लहूलुहान!

वह शुद्धता के हर पहलू के विरुद्ध
महाकरुणा का एक वृहद आख्यान रच रही है
और संस्कृति के सूने गलियारे में मुक्ति का अर्थ खोजती सभ्यता के सुदीर्घ सूनेपन में
हत भागे किसान की तरह कराह रही है

उसके अंग अंग में लिपटी हैं कुछ तख्तियाँ
जिनमें दर्ज हैं एक पूरे परिवार की हत्याएँ
जो उसके नाम पर की गईं
जिनसे वह अनजान थी

यह हुक्म की तामील ही थी
जिसमें एक अखलाक थुर दिया जाता है
और कई अन्य चेहरों की पैमाइश की जाती है

हमारे स्वाधीन भूगोल पर समाधिस्थ कीर्ति की तरह खड़ी यह गाय आज
अपने गाय होने पर दुखी है
हालाँकि उसके आसपास जो रक्षक खड़े हैं
उनमें गजब की सामूहिक सहमति है

सामूहिकता में एक ताकत है
और ताकत के सिर पर सनक होती है
यह कमजोर रक्षक भी जानता है

जानना उसके लिए उस मुहावरे से अनजान होना है
जिसमें एक सीधी सरल गाय
हिंसक पशु में बदल जाती है
और नाना प्रकार की पशुता को छूट देती
अपने ही मुहावरे की हत्या कर बैठती है

आज की सबसे बड़ी चुनौती यह मुहावरा ही है
कि गाय होना
गाय जैसा होना नहीं है

(मुहावरे बहुत खतरनाक होते हैं क्योंकि प्रतिरोध की सभी बड़ी बातें मुहावरे में ही दर्ज होती है)

गाय एक मुहावरा है
और मुहावरे का अर्थ
एक कवि के खयालात से नहीं
शासक के हुक्म से तय होता है!

[रचना तिथि : 14.10.2017]

लेकिन

जब इस सुबह तक बहुत से आदमी पाशविक समाज के पशुवत चुप्पी में
तब्दील हो चुके हैं

जब हर दीवार खुफिया कैमरे की जद में है और हर खिड़की से दिखाई देती
है चुप्पी की शालीनता
व सफलता व शराफत व जाने कितने आफत मुक्त कंठी का आश्वासन

तुम्हारी ठनकती हुई आवाज मुझे बहुत आश्वस्त करती है

मैं जो खुद इस चुप्पी का हिस्सा हो गया हूँ
मैं जो खुद अपनी ही साँस को सँभलकर लेता हूँ
मैं जो खुद हाँ हूँ के खराब रेशे से बनी रस्सी से अपनी महान मुखरता का
गला दबाता हूँ

बहुत नतमस्तक होता हूँ जब तुम्हारे एक लेकिन से हस्तिनापुर की कुर्सी
हिलने लगती है

और नालंदा के खँडहरों में दबा हुआ एक तार्किक
इस एक शब्द से नये दर्शन की रचना करता है।

[रचना तिथि : 14.05.2016]

मत की बात

चुप्पा आदमी बहुत क्रूर होता है
वह चुपचाप सोचता है
और खुलकर नोचता है

बोलता आदमी भयावह होता है
वह बोल बोल के सोचता है
और चुपचाप कोचता है

चुप्पा जब बोलने लगे तो यकीन कीजिए सब महफूज है
जैसे कि लोकतंत्र के आँगन में बसन्त की बयार
लेकिन बोलता आदमी जब चुप हो जाए
तो समझिए कि इस व्यवस्था में
एक तानाशाह का आगमन हो चुका है

तानाशाह सीधे साधे वेश में नहीं आता
वह हमारे मुँह से प्रवेश करता है और जीभ को चीरता हुआ अँतड़ियों में उतर आता है

इस समय मेरे पेट में जो जलन हो रही है
वह एक तानाशाह के नाखूनों में फँसी हुई बारूद की जलन है
और दिमाग में जो खरोंच है
वह एक बोलते आदमी को चुप बनाए रखने के लिए
वक्त बेवक्त उठी हुई उँगलियों की खोंच है।

मैं इस खोंच का विरोध करता हूँ
और चुप्पी के समानान्तर

मुखर आदमी के पक्ष में अपना बयान देता हूँ
जाहिर सी बात है
इस समय मैं मन की नहीं
मत की बात कर रहा हूँ।

[रचना तिथि : 31.03.2016]

तोप

शिक्षा के इस मन्दिर के प्रवेश द्वार पर
जहाँ से वे बाहर निकलते हैं
रख दी गई है एक तोप

सुबह-शाम, दिन-रात, दोपहर
अथवा किसी प्रहर में जब भी वे गुजरते हैं
इस तोप को देखते हैं

वे देखते हैं इसकी चलने वाली बारूदों को
इसके मजबूत फौलादी लोहे को
इसके तपे हुए उठे माथे को
और महसूस करते हैं कि
उनका यह देश अब
दुश्मनों से मुकाबले के लिए तैयार है
जहाँ अब तप की नहीं
तोप की जरूरत है!

धीरे धीरे उनके भीतर मुकाबला बढ़ रहा है
मृदुलता की जगह एक कठोरता पैदा हो रही है
और चुपचाप वह एक मस्ती खो जाती है
जो मिली थी 'ढाबे' पर चाय पीते
अथवा 'पी.एस.आर.' पर चर्चा करते

यह सब राष्ट्रीयता के लिए बहुत जरूरी है आज
कि संवेदना की सुबह तेजी से बदल रही है
जिसे सहमति की शाम में ढलना है
और रात के सपाट सन्नाटे में बदल जाना है।

कहते हैं वर्तमान की राष्ट्रीयता के लिए
कलम नहीं तोप की जरूरत है

रही होगी कभी कलम में ताकत
अब तो बात यहाँ तक पहुँची है
शायद संसद तक पहुँची है!
कि जब हो कलम मुकाबिल
तब यह तोप के निकलने का समय है!

बच्चे इस तोप के साथ बड़े हो रहे हैं
और बड़े हो रहे बच्चे
अपनी इस राष्ट्रीयता में
तोप हो रहे हैं!

[रचना तिथि : 02.08.2017]

बादल वंदन

एक : काशी में बादल

आए हो तो
बरस के जाना

बहुत तपिस है
थोड़ी नमी छोड़ के जाना

यूँ तो आषाढ़ शुक्ल की अष्टमी है आज
लेकिन सावन के मन की तरह
थोड़ी गुदगुदी दे के जाना

आए हो तो बरस के जाना
अच्छे दिनों के फूल खिलाने से पहले
बुरे दिनों की धूल
मिटा के जाना

आए हो तो
बरस के जाना।

दो : बरस के ही जाना!

हिलना मत बादलो
हवा का रुख चाहे जितना प्रतिकूल हो
अबकी बरस के ही जाना

देखो आषाढ़ बीत रहा है
मनई का मन बस रीत रहा है

तुम्हारे देह में अभी भी बहुत सी नमी है
इधर सूखती हुई काया पर रेत सी जमी है

अब जब लटक ही गए हो
तो थोड़ा टपक के जाना!

तेरे आने व जाने के बीच यह धरती
जाने कब से थरथरा रही है!

तीन : आखिरी अनुरोध

मेरे घर के मुँडेर पर लटके हुए बादलो
लुकाछिपी का खेल बन्द करो

बन्द करो अपना उमड़ना घुमड़ना
निहुर निहुर कर चलना और फिर तन जाना

आना हो तो आओ
या फिर चले ही जाओ
धुनी हुई रुई के फाहों जैसे
उड़ उड़ के तड़पाना अब अच्छा नहीं लगता

नहीं अच्छा लगता गंगा के बीचोबीच रेत जैसा उतिराना आसमान की चादर ओढ़े
धीरे धीरे धरती की ओर सरकना
और अचानक से गायब हो जाना

देखो एक चिड़िया जाने कब से मेरे खिड़की पर चोंच मार रही है
और तुम्हारी छाया से पानी निकालने की कोशिश में हलकान हो रही है।

समय बहुत कम है
आषाढ़ की भरी देह ही चैत का पता देती है

और इसके पहले कि अलकापुरी में बैठी
यक्ष की प्रियतमा
अपने प्रिय के इन्तजार में लुढ़क ही जाए
एक गौरैया उलटा लटक जाए
पौधों की जड़ें इतने नीचे चली जाएँ
कि सब तरफ सुनाई दे
...हाय हाय

थोड़ी राहत दे भाई
परिंदों की मानिंद
फुहारों की सिहरन दे

न सही नकदी
उधार ही दे!

[रचना तिथि : 27.06.2017]

['बादल वंदन' श्रृंखला की ये कविताएँ वर्ष 2017 के 'आषाढ़ मासस्य प्रथम दिवसे' की 'मन-सून' भाव भूमि पर लिखी गई थीं जब नई सदी की नई व्यवस्था में 'मानसून' पूर्णतः गायब था!]

नागनथैया

लीला तो महज कुछ मिनट की थी लेकिन घंटों से इसमें अटका एक शहर था
खुद की लीला से अनजान

यहाँ एक तरफ मसान था जहाँ पूजित मानस था
तो दूसरी तरफ एक घाट था
जहाँ तुलसी की पोथी से पूजित व्यास थे

लोग कालिया की नथ को उतरते हुए देखने को बेताब थे
जिसमें वह आब था जहाँ एक बालक को
पूरे ताब से
बहुत महीन कदम की डार से कालिंदी में कूदना था

यह एक बालक का बूढ़े नाग से युद्ध था
जिसमें सभी ने थोड़ा-थोड़ा योग दिया था
जिसमें वह बड़ा-बड़ा हो गया था अपने जहर में
एक पूरा कहर हो गया था!

बहुत कोलाहल था नदी के इस तट पर
जबकि उसे तट पर अटकी हुई गंगा सूखी व शान्त थी
अपनी बिछी हुई रेत में क्लांत थी!

मौसम तो कार्तिक शुक्ल पक्ष की चतुर्थी का था
लेकिन कदम्ब के डूबने भर का पानी भी नहीं बचा था
और जिसे आज कालिंदी बन कालिया को छुपाना था
बहुत भीतर उसमें दुख उसकी रेत में रचा था
जहाँ कालिया का अंग अंग झलक रहा था

लोग थे कि देख रहे थे लीला
लेकिन लीला थी कि अपरम्पार थी
कि कुछ भी दिख नहीं रहा था कहीं
जबकि बगल के नाले से सरककर आया हुआ एक कुत्ता
शहर के तमाम लीलाकुल लत्तों के बीच
लगातार लगा रहा था चक्कर और बाहर आने की सारी कवायद के बीच
मुँह उठाकर लगभग चार सौ वर्षों की लीला को ललकार रहा था

यह एक नग का नाग से संघर्ष था जिसमें समूचा जग शामिल था
जहाँ लीला की शुद्धता के साथ
एक मग स्वच्छ पानी की तलाश थी
जिसे नाग ने अपनी मणि में छुपा रखा था!

[रचना तिथि : 23.10.2017]

इन्तजार

एक दृश्य देखता हूँ
दूसरा उछलने लगता है

एक आँसू पोंछता हूँ
अनेक टपकने लगते हैं

एक क्रिया से जुड़ता हूँ
अनेक प्रतिक्रियाएँ कुलबुलाने लगती हैं

दूर बहुत दूर कोई माँ रो रही है
अर्थ तो बचा नहीं
भाषा भी खो रही है

जीवन महज एक घटना बन गया है
अनेक के इस्तकबाल में!

हाय कैसे कहूँ कि हर क्षण एक बीतता हुआ क्षण है
और जो बीत रहा है
वह किसी अनबीते का महज इन्तजार लगता है
जिसमें सीझती हुई करुणा
गुजरते समय की उदासी बन
कंठ में अटक सी गई है!

[रचना तिथि : 30.05.2020]

गुरु के नाम

[संत रविदास के लिए]

नाम की आरती से जीवन को दीपित करते हुए
चन्दन सी शीतल व मुलायम भाषा में
जगत की उष्णता को शिथिल करते
तुम्हारी गुरु कृपा में एक छायामय जगह पाई है

कि जगत की जागृति के लिए
संकल्प की डगर पर दौड़ते हुए
पीड़ा बहुत भाई है

तुम्हारी वेदना के धागे में
धरती को सिलते हुए देखा है
और करुणा के कपड़े में लिपटी हुई तुम्हारी आभा में
जीवन विवेक को अँखुआते हुए पाया है

ओ महाकाश!
धर्म और जाति के पाखंड से थरथराती हुई धरा पर
तमाम झुठलाती हुई बहुलताओं के बीच
जिन कसकती हुई कराहों को सुन सका हूँ
उसमें पूरी ताकत से व्यवस्था से लड़ते हुए
कुछ कह सका हूँ
कि तुम्हारी ही तरह
सच के साथ जी सका हूँ!
तुम्हारे माथे पर उभरी लकीरों के बीच
उन गठरियों में उलझी हुई साँसों को सुन सका हूँ

जो धरती को नापने निकली थीं
और आकाश के सन्नाटे में कहीं खो गईं

तुम्हारे जूते के तल्ले से आज भी उठती है एक धूल
कि माथे से लगाते हुए इसे हवा में लहराता हूँ
और एक सम्मुख आकृति को देखकर मुदित होता हूँ
कि डरे हुए ईश्वर के एकान्तवास के बीच
तुम हो कहीं
मेरे पास ही यहीं!

जगत में बहुत सन्नाटा है
देह है कि विषाणुओं से भरी हुई है
और तुम हो कि बेगमपुर शहर की एक उम्मीद लिये
सदा जीवित हो मेरे भीतर
भीतर के मेरे समस्त अन्धकार को प्रकाशित करते हुए!

[रचना तिथि : 05.07.2020]

लौटना

भूख तो बड़ी थी लेकिन उन्हें सिर्फ पहुँचना था

उन तक पहुँचाए गए सारे आश्वासन अब तक बेकार हो चुके थे
अनुशासन के नाम पर
उनके पास अब सिर्फ एक जिद बची थी
कि उन्हें घर पहुँचना है

उनकी जिद व घर के बीच एक गहरा तनाव था
जिसमें घर लगातार निथर रहा था!

मुश्किलें विकराल हो रही थीं
जिनके समाधान के लिए वे घर पहुँचना चाह रहे थे
मानो खैरख्वाह यह घर
उनके खैर-मकदम के लिए सदियों से खड़ा हो!

उनकी जिद लगातार बड़ी हो रही थी
और इस जिद में बड़ी हो रही थीं उनकी उम्मीदें
जिसे अब एक घर से ही सम्भव होना था

कितना ताकतवर था यह 'पहुँचना' कि
एक पथियाई पथरीली जमीन पर कभी साइकिल से तो कभी पैदल चलते
ठंडे पानी की तरह बह रहा था उनके भीतर
जिससे लौटने से अधिक पहुँच पाना सम्भव हो रहा था

घर लौटने से अधिक पहुँचने के लिए होता है
यह तब पता चला जब वे तप्त सड़कों पर

संतप्त भाव से लौट रहे थे

और अपनी पुरानी स्मृतियों को सहलाते
नंगे पाँव उस सड़क पर दौड़ रहे थे
जिससे कभी वे गए थे।

जाना नहीं रही अब एक खतरनाक क्रिया
नई सदी में लौटने की यह क्रिया
जाने से कहीं अधिक खौफनाक है!

[रचना तिथि : 25.05.2020]

कोइलिया जल्दी कूको ना

इस निर्जन में सब कुछ ठहरा
बासी हैं सब फूल
सूख गई है मन की काया
केवल हरे बबूल!

कोइलिया जल्दी कूको ना!

देखो कैसा चाँद उगा है
तन का शीतल तप्त हुआ है
गंगा निरमल कल कल छवि में
घाट विहँसता जब्त हुआ है

इस उदास सी काया में अब
जीवन जग संशप्त हुआ है

कोइलिया जल्दी कूको ना!

श्रमिक चल पड़े आहें भरते
सूनी सड़कें गुलजार हुईं
गिरते पड़ते पहुँचे घर फिर
हलचल गाँव में चार हुईं

थके पाँव हुलसित दौड़े जब
आँखें सब बेजार हुईं

कोइलिया जल्दी कूको ना!

घर की मलकिन देख रही है
'वे' आएँगे सोच रही है
चूल्हे पर अदहन डाल हठीली
बातें कुछ कुछ बोल रही है

हुलस उठी तब दौड़ पड़ी पर
भर उदास अब लौट रही है

कोइलिया जल्दी कूको ना!

गौरैया भी जगी हुई है
तिनका तिनका बीन रही है
सृजन राग से इस दुनिया में
जाग, भाग को साध रही है

हुआ सवेरा दौड़ी आई
मिला नहीं जो ढूँढ़ रही है!

कोइलिया जल्दी कूको ना!

उठी लहर आया एक झोंका
जहर हवा ले
कहर रही है
नहीं चहकते कुत्ते बिल्ली

'जन' गायब क्यों
पूछ रही है

कोइलिया जल्दी कूको ना!

[रचना तिथि : 13.05.2020]

पतंग

[प्रिय न्यूरो चिकित्सक विजयनाथ मिश्र के लिए]

अपनी ही नदी के तरंगों में फँसी रेत की तरह
यह एक पतंग है
जो पत्तों में उलझकर फड़फड़ा रही है

यह नहीं है इसकी थकान
नये उड़ान की तैयारी है

हवा शिथिल है
विषाक्त जीवाणुओं से भरे इस समय में
शिशिर की कटुआती छुवन के बीच अभी भी खूब चटकदार हैं इसके रंग

वह जानती है कि बसन्त की नम हवाओं के भीतर से
उठेगा कोई हाथ
जिसका तप्त स्पर्श पा
वह लहरा उठेगी
एक नये समय में।

[रचना तिथि : 18.01.2021]

झुकना

झुकना
किसी को रोपना है

जो भी आज तना है
किसी के झुकने से बना है

जैसे कि यह पेड़
जिसकी हर शाखा में
किसी न किसी के
झुकने की भाषा दर्ज है।

[रचना तिथि : 03.07.2021]

कचकचिया

[Babbler]

घोंसला बन रहा है
सृष्टि के विधान में एक नई साँस का उदय हो रहा है

स्पर्श सुख का कहना ही क्या
नेह गान थिरक रहा है

यह कचकचिया के आगमन का समय है
जिनके सामूहिक कचराग के बीच
एक नई संस्कृति आकार ले रही है

सभ्यता में तमाम सामाजिक दूरियों के बीच
नजदीकियों का आसमान उतर रहा है

फूलों में रस भरा है
उदास सड़कों पर गुल मोहर खिलखिला रहे हैं

चारों तरफ सन्नाटा है
मगर आसपास के पेड़ों से
मुँहमुँही आवाजें उठ रही हैं

मैं इन आवाजों को सुन रहा हूँ
जिसमें एक सन्नाटा टूट रहा है!

[रचना तिथि : 12.06.2020]

हरा पपीता

भाव चढ़ा है
ताव चढ़ा है
शान्त मगन इस खड़े पेड़ के
पत्तों पर अब
चाव चढ़ा है!

फल आता है
ढल जाता है
छिले बाँस की बल्ली जैसा
कोमल मन से
तन जाता है!

सिर पर बादल को रखता है
चिड़िया चुनमुन को पगता है
भादों भरे दबंग डेंग से
पीड़ित जनता का
दुख हरता है!

ऋषियों की महिमा से पूरित
सबके सुख पर छा जाता है
हर मौसम में हरा भरा वह
पीली शाम सा
झड़ जाता है!

देखो जिधर उधर चर्चा है
इसके रस पर कम खर्चा है

गली-गली में हरा पपीता
नये समय का
जन पर्चा है!

[रचना तिथि : 28.08.2021]

झींगुर

जागरण
जागरण
बार-बार जागरण

नींद के खिलाफ
एक और जागरण
संगीत बिद्ध
जीवन-वरण

कितने अच्छे हो तुम
आत्मा को चीरते हो
आ-रा-रा!

कौन कहता है यह तुम्हारा रुदन है
कौन कहता है यह तुम्हारे भीतर का शोर है
कौन कहता है यह तुम्हारी चहचहाहट है
अपने ही नथुनों के घिसने से निकलती हुई

हम तो कहेंगे

यह तुम्हारी पहरेदारी है
प्रकृति के लूटे जाने के खिलाफ!

[रचना तिथि : 07.12.2016]

बाढ़ और उसके बाद

[जैसे लौटा राज!]

पानी लौटा बादल लौटे
लौटे घर परिवार
बीच सड़क पर झाड़ू लौटी
लौटीं आँखें चार

ताल तलैया शान्त हुई जब
लौटा दुःख अपार
भीतर दहका शोर शराबा
बाहर करता रार!

उसी समय ये कच कच करती
आ पहुँची थीं द्वार
फुदक फुदक कर जश्न मनातीं
आँगन की गुलजार।

मस्त मगन इनकी उछाल में
हम सब हुए निहाल
दुखी पेड़ का पल्लव लहरा
लौटी उसकी चाल।

विकल भाव का अन्त हुआ तब लौटा सकल समाज
हम लौटे तो यह भी लौटीं
जैसे लौटा राज!

[रचना तिथि : 20.08.2021]

पेड़

पेड़ बड़े हो रहे हैं
हम छोटे

हमारा छोटा होना नहीं है कोई विफलता
हमारी सफलता का रहस्य तो
पेड़ के बड़े होने में है

जब हम नहीं होंगे
ये पेड़ ही होंगे
जो अपनी ऊँचाई में
हमारी गहराई का पता देंगे!

[रचना तिथि : 03.07.2021]

हत्या

उन्होंने कहा कि यदि वह बोलना बन्द कर दे तो एक दिन एक बड़ा आदमी
बन जाएगा

उसने चुप रहने की बहुत कोशिश की
लेकिन कठिन साधना के बाद भी वह ऐसा कर न सका
और उसने सोचा
चुप्पी के काँइएँपन से दूसरे की हत्या करने से कहीं बेहतर है बोल-बोलकर
खुद के भीतर की जमीं काँइयों का वध करना!

यह सोचता हुआ वह एक बहती हुई नदी के भीतर उतर गया
और बगल में फेंकी गई एक पानी की बोतल को हाथ में लेकर जोर से
हँसा और बोला—
कितनी हत्याओं के बाद यह बन्द होती है
और चुप भी!

[रचना तिथि : 10.05.2016]

देवदारु की दुनिया

[शिमला की एक सुबह]

मेरी देह
स्मृति की आँच में पकी
और संघर्ष के पसीने से छकी है

इसे बेवक्त मौसम की मार भी
अपने जड़सिक्त आकाशीय संकल्प से
विचलित नहीं कर सकती

मेरी फैली हुई भुजाएँ
महज भुजाएँ नहीं हैं
ये हर नवागन्तुक के स्वागत को आतुर
बिछा हुआ वक्ष है
जहाँ से मेरी जड़ें साँस लेती हैं

जिसने भी कान लगाकर
मुझे मेरी जड़ों में कुछ कहना चाहा
मैंने उसे सुना और अगले तक सुनाया

मुझे मेरी ऊँचाई में मत देखो
यह भी सोचो कि नुकीले पथरीले किनारों पर उगा हुआ मैं
अपनी पातालमयी जड़ों में कितना सन्तुलित होकर उगा हूँ
जाने कितनी रातें जगा हूँ

मेरे तने हुए तन के नीचे
कितनी रोयेंदार नसें हैं

कभी इसको भी सोचो
तो जान पाओगे
अकड़ना व तनना एक ही नहीं होता

अकड़ना अपनी नसों में खिंच जाना है
जबकि तनना
अपने हर रेशे को सही जगह पाना है।

[रचना तिथि : 06.08.2015]

काशी में राम

काशी में राम
काशी के राम हैं

कु समय नहीं
कुश मय राम हैं

काशी में राम जब भी आएँगे कूँचियों से आएँगे
कविता से आएँगे
रेत से आएँगे

राम ने रेत से शिवलिंग बनाया
और बता दिया कि वे जब भी आएँगे
साधना से आएँगे
समर्पण से आएँगे
शिल्प से आएँगे
काशी के राम कलाकार के राम हैं

राम खुद एक कलाकार थे
उन्हें पता था
कलाकार के सपनों की ऊँचाई
शासक की इच्छा से हमेशा बड़ी होती है।

[वागर्थ, फरवरी 2025]

अल मिकदार

जिसका अपना सब कुछ जा चुका था
वह गाजा की धरती पर हँस रहा था

ऊपर बम
नीचे उसकी हँसी
जिसमें वह बच्चों को बटोरता था
और एक ठसक नागरिक की तरह खिलखिला रहा था

यह अल मिकदार की कथा है
जिसके पास जब कुछ नहीं बचा
तब उसका जोकर ही सामने आया
जो हँसी के फव्वारे से बारूद की आग को बुझा रहा था

यह फिलहाल राख होते गाजा को
अपने भीतर के जोकर से
नया जीवन देने जैसा था

यह एक जोकर की ताकत थी कि जलते हुए शवों और चीखती हुई साँसों के बीच
गाजा की गोद में
तब भी कुछ हँसी फूट रही थी!

[तद्भव-50, जनवरी 2025]

[13 नवम्बर, 2023 को पेशे से जोकर अल मिकदार ने गाजा पर इजराइल के बमों के बीच अपना पूरा परिवार खो दिया था और तब भी वह शिविर में कैद बच्चों को हँसाकर उनको संबल दे रहा था—लेखक]

गरम सड़क

गरम सड़क पर चलते हुए हम दो जन
गरम के कारण की तलाश करते हुए
एक बहुत बूढ़े देवदारु से जैसे ही पूछे
गरम सड़क का रहस्य
उसने जोर से खाँसा और सामने के सूरज की ओर इशारा किया

इस समय सूरज अपने मध्याह्न में था
जो देवदारु से घिरी हुई इस सड़क पर मुक्त भाव से विचरण कर रहा था

हमने सूरज से जब पूछा तो उसने घाटी की ओर इशारा किया
जहाँ दोपहर का भोजन अपनी अनगिनत अँगीठी के साथ पक रहा था

गरम सड़क के रहस्य को जानने के क्रम में इस तरह हमने अँगीठी के साथ
लकड़ी, बढ़ई और वहीं पर खड़ी गांधी की प्रतिमा से पूछा और सभी ने
उत्तर देने की जगह कहीं और का इशारा किया

इस तरह डलहौजी की इस गरम सड़क पर
इसके रहस्य से बेखबर
भरी दोपहर में हम दो जन घूमते रहे इधर उधर
गांधी और सुभाष चौक के बीच तलाशते रहे बोर्ड
कि कहीं कुछ लिखा हुआ दिख ही जाए
और हम समझ सकें इस सड़क का विस्तार

कि अचानक कहीं से लुढ़कता हुआ एक पत्थर हमारे सामने आया
और तनकर बोला

हर जगह के नाम का रहस्य ढूँढ़ना मूर्खता है
देखते नहीं नाम के बदले जाने के समय में
कुछ अनाम में कितनी उज्ज्वलता है!

[तद्भव-50, जनवरी 2025]

कोणार्क

ऊपर देखता हूँ तो चमत्कृत होता हूँ
नीचे देखता हुआ चीत्कारता हूँ

एक एक आदमी से पूछता हूँ चन्द्रभागा का पता
गंग विरासत के बारे में जानना चाहता हूँ
जानना चाहता हूँ कृष्ण पुत्र सांब के शाप के बारे में
जिनके प्रायश्चित्त स्वरूप
चन्द्रभागा के मध्य खुद ही प्रकट हुए सूर्यदेव
और बहुत अनुनय के बाद बदल गए एक विग्रह में

रथव्यापी सूर्य का इस तरह मूर्ति में बदलना आर्यावर्त की एक बड़ी घटना थी जिससे
समस्त देवलोक में हलचल थी
जहाँ गंगवंश पुलकित था
जिसके मंत्री ने लोकस्मृति में मौजूद इस कथा को बहुत चुपके से इतिहास की तरह बताया था
और यह भी कि इस तरह भी जन स्वास्थ्य की चिन्ता की जा सकती है
और जनता को आश्वस्त किया जा सकता है

राजा के लोकहित को
एक बड़ा सन्दर्भ दिया जा सकता है।

इतिहास कहता है इसी मूर्ति की प्राण प्रतिष्ठा में
लम्बे समय तक खुद को बनाए रखने की लालसा से
आगे चल कर राजा नरसिंह देव ने किया था मन्दिर का आरम्भ

यह खंडित मन की मंडित अभिलाषा थी
जिसमें मन्दिर को बारह वर्ष में पूरा न होता देख

राजा ने धमकाया था मुख्य शिल्पी को

दिया था आदेश उन बारह सौ निरीह श्रमिकों की हत्या का जिनको बचाने के लिए
शिखर से कूद गया था वास्तुकार का बेटा धर्मव्रत
राजा के समस्त धार्मिक कर्म को ध्वस्त करता हुआ!

सदियों से सूर्य को सोखता खड़ा यह
जनता के कौतूहल के बीच
दिनोंदिन सिकुड़ती गई चन्द्रभागा को मथ रहा है
जिसकी रेतीली नमी को महसूस करने की इच्छा से
सिंह के टूटे जबड़े से इतिहास के आँगन में टहलते हुए
एक आकृति को छूता हूँ
कि टोकता है एक सुरक्षाकर्मी
छूना मना है

यह मौज की नहीं
मौन की जगह है

हाथ की नहीं
आँख की जगह है

एक एक कर धूमिल हो रही आकृतियों के बारे में
जानना चाहता हूँ

महसूस करना चाहता हूँ उन हाथों की रगड़ को
जिसने कई सालों की तपस्या में साधा होगा
आकृतियों को
कि हाथी पर चढ़ा हुआ सिंह दहाड़ता है
और हाँफता हुआ मैं खुद को उसी आदमी की जगह पाता हूँ
जो हाथी के पाँव तले जाने कब से दबा है!

यह मन्दिर का प्रवेशद्वार है और मेरा धैर्य यहीं पर जवाब दे रहा है
जबकि यह जानता हूँ कि हजार दो सौ श्रमिकों ने कितना सह लह कर इस मन्दिर को बनाया होगा

राजा के आदेश व राजमिस्त्री के निर्देश के बीच
जीवन को किस तरह
खपाया होगा!

कहते हैं तभी से यह सूखी हुई चन्द्रभागा के मध्य शापित सा खड़ा है अपने
विशाल चुम्बकीय शिखर से मुक्त
पर्यटकों के कौतूहल के बीच सूरज को सोखता हुआ
आकृतियों में झर रहा है

मुझे बार बार लगता है जहाँ पूजा नहीं
वहाँ मन्दिर के क्या मायने
सोचता हूँ इतिहास के आँगन में एक आदेश सा खड़ा यह
क्यों ढो रहा है यह कंकाल
कि एक आदमी आता है वहाँ
और एक आकृति की ओर इशारा करता हुआ कहता है

योग व भोग को ही मत देखो
इस रोग को भी देखो
जिसे हवा में टाँग दिया है एक कलाकार ने
तुम्हारे संगीत ही नहीं
स्वास्थ्य को भी तराशा है उन आँखों ने

यह अभी अभी गुजरी महामारी का समय था
जहाँ कोरोना से मुक्ति की चाहत में मैं
महामारी के इतिहास को समझ रहा था
जिसका कुछ संकेत इसकी दीवारों पर भी था

हालाँकि भोग की तमाम अदाओं के बीच
उसको खोजना थोड़ा मुश्किल था
जैसे श्रृंगार के बीच सौन्दर्य को पकड़ना तनिक कठिन होता है।

मैं एक एक कर गुजरता हूँ आकृतियों से
वासनाओं पर करता हूँ काबू
नट मन्दिर से नर्तकियों की उठती हुई आवाज के बीच
चेहरे पर उतरता है चाहत का जादू

कि इतिहास के सिंहासन पर फड़फड़ाती हुई कविता की तरह
चमत्कार की हर कथा को झुठलाता हुआ
पुकारता है कोणार्क

धिक्कार!
धिक्कार!
धिक्कार!

[तद्‌भव-50, जनवरी 2025]